2 汉武雄风

方寄傲 编著

浙江工商大学出版社
ZHEJIANG GONGSHANG UNIVERSITY PRESS
·杭州·

图书在版编目（CIP）数据

汉史 / 方寄傲编著 .—杭州：浙江工商大学出版社，2022.1（2024.1 重印）

（有料更有趣的朝代史 / 胡岳雷主编）

ISBN 978-7-5178-4397-9

Ⅰ .①汉… Ⅱ .①方… Ⅲ .①中国历史—汉代—通俗读物 Ⅳ .① K234.09

中国版本图书馆 CIP 数据核字（2021）第 054706 号

汉 史
HAN SHI

方寄傲 编著

责任编辑	张晶晶
责任校对	熊静文
封面设计	吕丽梅
责任印制	包建辉
出版发行	浙江工商大学出版社
	（杭州市教工路 198 号　邮政编码 310012）
	（E-mail: zjgsupress@163.com）
	（网址：http://www.zjgsupress.com）
	电话：0571-88904980，88831806（传真）
排　　版	北京东方视点数据技术有限公司
印　　刷	唐山富达印务有限公司
开　　本	787mm×1092mm　1/32
印　　张	28
字　　数	725 千
版 印 次	2022 年 1 月第 1 版　2024 年 1 月第 3 次印刷
书　　号	ISBN 978-7-5178-4397-9
定　　价	198.00 元（全四册）

版权所有　侵权必究

如发现印装质量问题，影响阅读，请和营销与发行中心联系

联系电话　0571-88904970

目 录

第一章 女人天下

冒顿千里求吕雉 _ 003

政治鳄鱼的眼泪 _ 007

吕后称制,快意恩仇 _ 011

大封朝臣诛杀皇子 _ 015

拒封王刘恒逃过一劫 _ 019

过分张扬的刘章 _ 021

汉初明星陆贾 _ 025

第二章 帝国终归姓刘

敌不过岁月雕琢,吕后归西 _ 031

多行不义必自毙 _ 034

吕氏外有患内有忧 _ 037

有心栽花花不发 _ 040

"顺天意"刘恒称帝 _ 044

别开生面的刘恒 _ 048

第三章 刘长和刘兴居的反判样本

朱建报恩审食其 _ 055

刘长骄横杀人 _ 058
　　刘兴居兵败自杀 _ 061

第四章　王朝不稳，文人难封

　　洛阳才子天下一绝 _ 067
　　怒助匈奴 _ 070
　　晁错纵横论治安 _ 073
　　周亚夫立威细柳营 _ 076

第五章　平定七国之乱

　　刘启登基后的第一把火 _ 081
　　窦婴与晁错 _ 084
　　吴王刘濞 _ 088
　　七国联合造反 _ 091
　　晁错枉死 _ 095
　　稳扎稳打破叛军 _ 098

第六章　储位之争拉开帷幕

　　不是亲家就是仇人 _ 103
　　抛夫弃子的王娡 _ 106
　　撕破脸皮的夫妻 _ 109
　　"苍鹰"郅都 _ 112

第七章　朝中有狼，后宫有虎

　　汉武帝鹰隼展翼 _ 119
　　小试牛刀，发兵东南 _ 121
　　一个成功男人背后的女人们 _ 125
　　卫家姐弟俩 _ 127

行巫蛊陈阿娇困锁长门 _ 129

第八章　田窦交恶难安国

　　同是天涯失意人 _ 133

　　田窦之交甘如饴 _ 137

　　道不同不相为谋 _ 140

　　婚礼引发的冲突 _ 144

　　恶田蚡疯狂而死 _ 147

第九章　独尊儒术，三文人的不同活法

　　百代儒宗董仲舒 _ 153

　　大隐隐于朝的东方朔 _ 157

　　一代文豪司马相如 _ 161

第十章　朝廷内外

　　对待匈奴，是战还是和 _ 167

　　出击匈奴，直捣腹地 _ 170

　　你来我往的拉锯战 _ 172

　　大丈夫死则五鼎烹 _ 174

　　刘安叛乱失败而终 _ 178

　　匈奴未灭不言家 _ 182

　　李陵降敌 _ 187

　　惨遭宫刑，向死而生 _ 190

第十一章　巫蛊之案祸国

　　越走越远的两父子 _ 195

　　倾国两佳人 _ 199

　　巫蛊案祸患 _ 203

燕赵之地奇人江充 _ 206
巫蛊扩大，血流成河 _ 209
刘据平反 _ 214
轮台罪己诏 _ 217

第一章

女人天下

冒顿千里求吕雉

刘邦死了，朝中能征善战的大将也死了不少，大汉只剩一位女人辅助一位懦弱的皇帝，显得有点疲惫。然而，匈奴在冒顿的铁骑驰骋和强弓硬弩之下，却一日比一日强盛。大汉衰弱，匈奴强盛，这一弱一强的对比增进了匈奴的骄傲蛮横。

惠帝二年（公元前193年），汉朝又送一位女子前往匈奴和亲。娄敬的和亲计划很好，然而，计划是死的，人却是活的。汉朝遣了那么多位和亲美人，匈奴还是照样专横，行事毫无规律可言。匈奴高兴就接受和亲，不高兴就不接受，他们率性而为，视盟约如废纸。

这一次，冒顿不接受和亲，反而送来一封信。信是给吕雉的：

我虽是一方霸主，但孤独无依，整日寂寞难耐。我生在沼泽中，活在茫茫草原，之所以几次侵犯你的边境，目的就是想到中原游游，遣寂寞，寻欢心。你是大汉的主人，尊贵无比；我是匈奴的主人，位高无伦；高处不胜寒，我们都没有伴侣，都寂寞得很。既然我们两个都那么寂寞，没有什么可以消遣的，我想用我所拥有的，换取我所没有的。

明眼人一看就知道这是封情书，写给吕雉的情书。由此看来，冒顿不是不接受和亲，而是想娶吕雉。

父亲死后，儿子可以娶父亲的姬妾；哥哥死后，弟弟可以娶嫂嫂。这是匈奴习俗，他们不觉得这违情背理。冒顿杀了他父亲后，就娶了他的后妈们。冒顿见刘邦死了，就想娶吕雉，他全按匈奴人的思维逻辑行事。然而，中原经过历朝历代的发展，已经形成一套以人伦为核心的礼仪制度，皇族乱伦是大忌，谁都不敢触犯。

吕雉本就心狠手辣，见了这样的书信，心中早打定主意：先斩使者，再派军剿杀匈奴。因此立刻召集丞相陈平、将军樊哙和季布等商议发兵之事。樊哙有勇无谋，见蛮夷之人如此侮辱姐姐，大声说："请给我十万精兵，我必踏平匈奴而返。"朝臣们无不附和樊哙。

正在这时，朝堂下有人大叫一声：

"樊哙当斩！"

说这话之人，正是中郎将季布。季布话刚出口，朝中当即寂静无声，几十双眼睛一齐射向他。区区中郎将，竟敢大声喧哗，当着吕雉的面，欲斩樊哙。陈平劳苦功高，奉了刘邦的命，都不敢动樊哙一根毫发。这中郎将未免太过于大胆！

季布曾是项羽的部将，勇猛无敌，屡次兵困刘邦。刘邦灭项羽后，季布担心被诛，藏身朱家为奴，后经举荐，入朝为官。曾经叱咤风云的大将，能够寄身大户，甘愿为奴，自然很是能忍。

此时，朝中全是被侮辱冲昏了头脑的人，恨不能即刻灭了匈奴。季布能忍，为人奴隶的辱他都受了，冒顿的信对他没丝毫影响。季布冷静分析形势，觉得对匈奴不能硬打。季布说樊哙该斩的理由是：樊哙面谀。谀，就是谄媚。法令规定，欺骗皇帝者死，何况是面谀。

朝臣听了此话，不以为然，反觉得季布才是面谀之人。朝臣如此反驳，自然是想先斩季布，再让樊哙领兵出征。季布讲，当初高祖皇帝刘邦亲自领兵三十万，兵强将勇，谋士计深，尚且被困白登，连樊哙都被囚困。现在樊哙说只要十万就能踏平匈奴，这难道不是当面欺骗吕雉？他又举例，说秦朝就是因为修长城以抵御匈奴，广征徭役，才导致陈胜、吴广揭竿起义，以致亡国灭种。战争的创伤还没愈合，樊哙就当面谄媚，怂恿战斗，一旦发兵，天下必然大乱。

当初刘邦率领诸武将，雄赳赳、气昂昂地进兵平城，本想一举歼灭匈奴，重振蒙恬当年的雄风，让边疆百姓居有所安。然而，刚到平城，刘邦一行人众就被困七日七夜，衣食难继，兵将饿得连张弓的力气都没有，因此天下人送刘邦几句歌词：

平城之下亦诚苦，七日不食，不能彀弩。

朝臣视白登之困为大耻，不轻易提及，如今一听季布说起，朝臣对匈奴的恐惧陡然大增。待季布说起秦末农民起义，朝臣更是担忧大汉步秦朝后尘，因进军匈奴而亡国。季布说完之后，大殿鸦雀无声，朝臣深感惊恐，各归其位，似乎都在回想白登之困。

汉朝正因为吃过匈奴的大亏，后来才使出和亲这一下下之策，以求双方互不侵扰，等国力强盛后让子孙后代去找匈奴算账。朝臣因一时羞辱而气愤，将长远之计抛到脑后，被季布点醒后，都建议继续和亲。

强横的吕雉听了季布的分析也吓得束手无策。然而，想到让自己远嫁匈奴，那是无论如何都行不通的，一时脸有难色。季布见自己的话有效，接着又说："那匈奴既是夷蛮之族，夷蛮之人称赞我们不足喜，我们受他们一点侮辱也不必生气。"

初掌大权，吕雉还没来得及享受，如果远嫁匈奴，跟随刘邦这些年的苦就白受了。只要能够继续掌权，只要不远嫁匈奴，吕雉什么条件都答应。吕雉就像刘邦，为了自己，什么都做得出。季布指出，匈奴蛮横无礼，屡次侵犯，除了抢劫外，就是想听听奉承的马屁。吕雉迎合其意，回了一封词甚卑、意甚敬的信给冒顿。信上说：

冒顿单于现在还这么挂念我大汉，劳心费神写信给我们，大汉很感激，受宠若惊。你看得起我，要我服侍你，我很高兴。然而，我年纪一大把，容色憔悴，头发稀疏，牙齿掉了大半，路也走不动。单于听到他人说我好的话,一定是被无限夸大了。我现在这样子,怎么能够侍奉单于呢?闻名不如见面,见了我后,你会被吓死的。大汉不能满足单于的要求,伏乞单于见谅。

送去匈奴的除了这么一封卑词满纸的信,还有车子、马匹等丰厚礼物。

看信后的冒顿,派人送来两句话,说:"这之前我不知道中原地区的礼仪,现在我知道了,也请太后原谅我的冒失。"

吕雉一番卑词,将冒顿收拾得服服帖帖,和亲照样继续,两家同样交好。

政治鳄鱼的眼泪

汉惠帝四年（公元前191年），刘盈加冠。加冠是成年礼仪，意思是说年龄到了二十岁，可以结婚了；说得更深一点，就是成年了，一切都该自己做主了；说得再深一点，就是长成大丈夫了，整个国家都应该听他的。

可是刘盈虽然已经二十岁了，但什么事都由吕雉包办，他只会终日饮酒淫乐。其实饮酒淫乐只是表象，真实本质是伤痛寒心，凄苦难言。

今年，刘盈二十了，该成婚了。作为皇帝，成婚事小，册立皇后事大。吕雉是皇太后，为了权力的延续，皇后宝座不能落入他人之手。吕雉给刘盈安排了一门亲事，一门对吕雉极好，对刘盈就不那么好的亲事。吕雉将外甥女塞给刘盈，不管刘盈愿不愿意，吕雉的外甥女必然要成为皇后，就算生不出太子也是皇后。

面对吕雉的好意，刘盈只能再伤心一次。吕雉什么都怕，唯独不怕别人伤心，尤其不怕刘盈伤心。不管多么伤心，刘盈只会饮酒淫乐。刘邦说刘盈不像他，刘盈不只不像他，简直是长不大。都二十了，刘盈还弱小得像个孩子。刘盈害怕暴力，他拿不起武器。面对一群狼，若没武器，只能留下伤痕。

仿佛是命运的捉弄,让刘盈生在这样一个寒意森森的家庭。在刘盈年幼时,刘邦打仗输了就将他踢下车,大声辱骂。刘邦称帝后,没给刘盈一丝父爱,整天只想着怎么废掉刘盈。吕雉虽然爱他,但那爱也是冷冰冰的,可以讲不是爱刘盈,而是利用刘盈。吕雉毒死刘如意,弄死了戚姬,现在又让刘盈娶外甥女。面对这一对狼,刘盈只能是沉默的羔羊。

亲上加亲,这是吕雉巩固自己地位的手段。她为刘盈选的这个媳妇兼外甥女名叫张嫣,是鲁元公主和张敖的女儿。吕雉可能是从娄敬的和亲之计中获得的灵感,要不然就是她和娄敬一样聪明。当然,吕雉把张嫣嫁给刘盈,也可能是想在刘盈身上发泄对刘邦的恨。刘邦蔑视张敖,胡乱破口大骂,吕雉偏偏让刘氏子孙身上流淌张敖的血。吕雉这么做,刘盈安然接受,刘邦必定气得吐血,这就是刘盈和刘邦的区别之一。

将吕氏家族全部置入皇族内部,来个立地生根,开花结果,这就是吕雉对付刘氏子弟的根本招数。吕雉想让外甥女张嫣给她生个孙子,可是张嫣同她爸爸一样不争气,专在关键时期出错。直到刘盈去世,皇后张嫣也没生出一个儿子。

汉惠帝五年(公元前190年),冬天打雷,桃李开花,枣树结果;夏天大旱,饥荒连连;秋天,曹参死,接着刘肥死,再接着樊哙和张良也走了。重要的人慢慢都走了,吕雉的梦想就要实现了。张嫣虽然生不出儿子,但老天也算对得住吕雉。

汉惠帝七年(公元前188年),刘盈走到人生的终点。据说,刘盈死前发生了两次日食,一次是日全食。日全食,就是太阳不见了,用现在的天文观点,就是太阳被遮挡了。太阳被遮挡了,地球上的人见不到。太阳代表皇帝,皇帝被遮挡了,预示吕雉真正掌权。

大概在吕雉心中,刘盈已经不是儿子,只是一个由自己抓握权柄的工具。他死了,吕雉发丧,朝臣见吕雉号啕大叫,就是没见她的眼泪。像吕雉这么一位刚强坚毅的女人，哭而无泪，那就更像一头猛兽。吕雉鬼哭狼嚎，没哭出伤心之意，却将内心的恐怖和担忧一齐哭出。一只既担忧又恐怖的野兽大嚎大叫，天地顿时为之愁惨；黑云压长安，百官害怕得紧。

这些年里，几位厉害朝臣接二连三地故去，连妹夫樊哙也死了。樊哙忠勇无二，如果活着，这位妹夫会是她的一大靠山。活着的朝臣中，还有陈平、周勃、灌婴和王陵，这几座大山，压得吕雉的心口好疼。

更大的难题是，张嫣没生一个儿子。刘盈年纪轻轻，竟然比陈平、周勃、灌婴和王陵这几把老骨头先死，吕雉想不通。吕雉觉得，就算刘盈认为活着不快乐，想早死，也该先等老臣们死光才死。刘邦死后，吕雉曾和审食其密谋诛杀老功臣；现在刘盈死了，吕雉自然也有诛杀功臣的打算。

张良死后，他儿子张辟强遗传了他的智慧。张辟强官居侍中，侍中就是陪皇帝玩的人。刘盈一生遭遇如此，英年早逝，张辟强也伤心。他见吕雉号叫干哭，就问丞相陈平，说："太后只有皇帝这一个儿子，儿子死了，母亲只是干哭，一点都不伤心，你知道其中的原因吗？"

"有什么原因？"陈平疑惑地问。

"皇上没有留下一个厉害的儿子，太后很怕你们这些掌大权的大人物。如果你们让吕台、吕产为大将军，派他两个统帅南北军，再让所有姓吕的人都在朝中为官。这样太后才会安心，你们也才能免于祸患！"

猝然惊醒的陈平马上发觉局势很不乐观。吕雉心狠手辣，先诛韩信，后斩彭越，接着杀刘如意母子，每件都狠毒无比。吕雉掌权，陈平身为朝臣，稍有不慎，马上人头落地。皇帝新丧，与吕雉争强没有好处，陈平只得暂行缓兵之计。

南北军负责保卫朝廷安全，由吕氏兄弟掌握，朝廷的安危就在吕氏兄弟手中。丞相陈平再调诸吕入朝廷为官，朝中全是吕氏家族人员。自此，大权落入吕氏家族手中。大权在手，吕雉开始任意施为，大开杀戒。

吕雉的假哭很值得，真哭都没假哭值钱。如果吕雉一开始就来真哭，那他吕氏家族怎么能够突然权力暴增，想杀谁就杀谁？刘邦死时，陈平大哭痛哭一次；刘盈死时，吕雉狂干哭。两人都哭泣，都是醉翁之意不在酒。

此后，吕氏家族的时代到来了，刘氏子弟在吕雉的眼里犹如蝼蚁。

吕后称制，快意恩仇

权力的祭坛总需要无数无辜的牺牲品。刘盈是无辜的，张皇后更无辜。只因她生不出儿子，就只好装成个花瓶，听凭他人的摆弄，任由他人利用。皇宫大得很，吕雉强得很，为了某些目的，必然要牺牲某些东西，张嫣只是恰好成为那个被牺牲的东西。

刘盈就要不行了，吕雉知道张皇后是无论如何都生不出儿子了，于是只好将张嫣藏到后宫，对外宣称张皇后怀上了龙种。吕雉将其他后宫女人和刘盈生的儿子抱来，说那就是张皇后生的。为了以防万一，吕雉将那孩子的母亲给杀了。

刘盈死后，张嫣生的假儿子刘恭继位称帝。这位小皇帝年弱无能，所以吕雉便临朝称制，意思就是说她行使实际权力。刘盈在位时，吕雉就行使实际权力了，现在当然照样行使。

对性格形成影响最大的是后天因素。刘盈无能，他生的儿子不像他。刘恭没遗传他父亲的懦弱，却遗传了他爷爷的刚劲。然而，身在囚笼里，谁刚硬，谁先被折。

吕雉虽有权力，但总缺乏安全感。刘盈死后，她总结出一个道理，应该将自己的爪牙分布在关键位置。如果当初诸吕手握兵权，身居要员，她就不用狂号干哭，表演得那么累。

吕雉左思右想，觉得诸吕仅仅掌握兵权还不够，一旦发生大事，她的兄弟们撑不起她所构建的大厦。吕雉觉得，只有让诸吕被封为王，割地而治，才有实力。如果诸吕割地为王，天下有一小半就是吕氏的。有这一小半做根基，就算吕雉去世，吕氏家族也稳如泰山。吕雉下了决定，诸吕必须被封为王，谁挡道，吕雉就让谁的血填平诸吕受封为王的大道。

权力欲会给人一种莫名其妙的冲动感，为了权力，就算赴汤蹈火，人也甘愿。当年刘邦与朝臣誓约：非刘氏而王，天下共击之。曾经誓约的大臣，多半都死了，说话管用的就只有右丞相王陵、左丞相陈平和太尉周勃。

刘邦不能将兵，但是能将将。这是韩信对刘邦的评价，他看得非常准。刘邦临死，说了几句话，竟然将大汉朝廷的方向给划定了。萧何死后，曹参接任丞相；曹参死后，丞相一分为二，右丞相王陵，左丞相陈平，周勃为太尉。刘邦担心王陵不能稳定江山，王陵果然不能。萧何说对了，知臣莫若主。

有的人想了再做，有的人做了才想。王陵不知涵养，率性而为，想到什么就说什么，是个只知道办事、不考虑后果的家伙。他刚听到吕雉的口风，马上将刘邦的盟约抬出来，说"非刘氏而王，天下共击之"，弄得吕雉三分尴尬七分愤怒。王陵是忠臣，但这样的忠臣一味蛮干，必然坏事。

鉴貌辨色，陈平出头道："高祖皇帝平定天下，封他的子孙为王，理所当然；太后曾随高祖皇帝征战四方，现在临朝称制，想要封自己的兄弟为王，天经地义。我陈平第一个同意。"陈平说完，周勃附和。封诸吕为王，三人投票，两票通过。吕雉临朝称制，诸吕被封王，完全合法。王陵傻眼了，这是怎么回事？他不明白，为什么陈平会同意这种无理的要求；疑惑之后他更恼怒，陈平竟然忘了高祖皇帝的誓约。

事后，王陵责备陈平和周勃，说："当初与高祖皇帝歃血盟誓，你们不在吗？高祖刚死，太后专权，你们就曲意逢迎，看你们死后怎么去见高祖！"

"当朝谏争，我不如你；保全汉朝，延续刘氏血脉，你不如我。"这是陈平的回答。

王陵虽耿直，却并非不讲道理。陈平此话，点明了事情的要害，将王陵砸醒了。吕雉手掌大权，诸吕稳握兵权，长安是吕氏家族说了算。廷争只是枉费唇舌，得罪了吕雉，只会因此被贬谪。如果忠心的大臣都被贬了，吕雉就会提拔心腹，如此，朝廷就真是吕氏的了。陈平点破了这一点，王陵无言以对；王陵无言，但已经迟了，他被贬定了。

吕雉贬王陵为皇帝太傅，夺他相权。王陵果然只会当朝谏争，相权被夺后，称病在家，扫地关门，拒不上朝。王陵杜门谢客，不理朝政，正合吕雉心意。没了王陵，地球的转动更顺吕雉的心意，诸吕办事方便多了。十年后，王陵死。

没有王陵碍事，吕雉得以大展拳脚，她升宠臣审食其为左丞相，陈平为右丞相。这审食其曾和吕雉在项羽的大牢中共苦，经这牢中一遇，吕雉对他极是宠爱。刘邦称帝后，只见新人笑，不闻旧人哭，吕雉那颗被冷落的心就由审食其抚慰。审食其没别的本事，抚慰失落女人的心一流，深获吕雉的芳心。刘邦死后，传言审食其和吕雉行事不正，懦弱的刘盈也有些受不了，差点杀了审食其。审食其升为左丞相，但他不理丞相之事，仍旧行使郎中令职权。郎中令是一个专管宫中事务的官职，如此一来，就更让人怀疑他和吕雉的关系。

人心之不同，各如其面。刘盈不记仇，吕雉却记得很深。刘盈死了，有的人欠刘盈的账还没还，这些人中的最大代表就是赵尧。

当初周昌因耿直敢言而暂保刘盈的太子之位，同时也因耿直敢言而被调离中央去辅助刘如意。赵尧挤走周昌，一方面使刘盈少了一把保护伞,另一方面则为吕雉诛杀刘如意安排了障碍。

正当用人之际,失去了周昌,吕雉恨;正想杀人之际,赵尧设了障碍,吕雉更恨。吕雉赶走了王陵后,随便找个借口就将赵尧扔进了大牢。照常理来说,赵尧这种无德无能之辈一旦进入大牢,就跟进入坟墓一样,除非奇迹,否则别想出来。

"快意恩仇"四个字,该是吕雉的座右铭吧。她记仇深,记恩也深;有仇必报,有恩也必还。吕雉除了提拔宠臣审食其外,还提拔恩人任敖接替赵尧。两人都是吕雉在狱中认识的朋友。

任敖是沛县人,在狱中帮助过吕雉。刘邦造反时,秦朝狱卒去抓刘邦,刘邦顺利逃脱了,吕雉却被抓走。那时吕雉年轻,有几分姿色,狱卒对吕雉动手动脚。任敖素敬刘邦,见吕雉受辱,大怒,让狱卒们吃了一顿硬拳。刘邦是个无赖,任敖这种汉子竟然敬仰他,真是奇迹。

大封朝臣诛杀皇子

俗语说一朝天子一朝臣，吕雉不仅临朝称制，还大力扶植势力。她的野心，路人皆知。

吕雉提拔外人，那全是铺垫，她真正的目的在封诸吕为王。

吕雉先提拔开国功臣郎中令冯五择为博城侯，再封张敖的儿子张偃为鲁王，接着封刘肥之子刘章为朱虚侯，并将吕禄的女儿嫁给刘章，最后封吕种为沛侯，封吕柳为扶柳侯，等等。封个侯，没有多大的麻烦，命人写个诏，玉玺一盖就行。

不幸的刘盈留下了五个儿子。吕雉就将他们全封为王侯：刘强封为淮阳王，刘不疑封为恒山王，刘山封为襄城侯，刘朝封为轵侯，刘武封为壶关侯。刘盈的几个孩子小小年纪就卷入皇权斗争，没有一个得以善终。

自临朝称制以来，吕雉为吕氏家族铺了一条平平坦坦的大道。这条大道通向吕氏政权，先封开国功臣和刘氏子弟以平息众怒，最后封吕氏诸子弟。他姓子弟在最底层，吕氏子弟压在上面，吕雉驾轻就熟，好不轻松。此时的吕雉就是想取刘氏而代之，将吕氏推上历史的舞台。

吕后三年（公元前185年），夏天，长江和汉水泛滥，淹没四千多户人家；秋天，在大白日出现星星，接着伊水、洛水和汝水泛滥，共毁灭两千四百多户人家。

就在这洪水泛滥、灾害不断的一年，张嫣的假儿子，新皇帝刘恭死了。刘恭当了几年皇帝，身体长高了，血气方刚，呼气吸气都是大口大口的。常人一看，就知道他有血气，很勇猛，不像刘盈懦弱无能。他长大了一点，但不懂事，听说自己的妈妈被吕雉害死，他就想报仇。他不只要报仇，还嚷了出来。刘恭说："太后竟然杀我亲娘，让我当另一个人的儿子，等我长大了，我要报仇。"

但命中注定似的，刘恭报仇的愿望终于落空。这孩子藏不住心事，在一个黑暗的环境，藏不住心事的人必定保不住命。吕雉听到这句话后，担心刘恭将来作乱，成为自己的心腹大患，于是将这个小皇帝幽禁在永巷。自吕雉擅权以来，永巷不知道藏了多少人，为了一个人的野心，不知有多少牺牲品从此永远不见天日。

在刘恭被幽禁在永巷之后，吕雉对外宣称刘恭病重，为社稷着想，需要另立皇帝。吕雉大权在手，想换谁就换谁，皇帝已经有名无实，只是她发号施令的木偶，布告天下不过是形式。

由于刘恭太过刚硬，给吕雉带来不少麻烦，因此这一次，吕雉想选一个幼小的、温顺的。最终，她盯上了刘山，于是削去他的王位，给他改名为刘弘。刘弘，就是后少帝。

为了记录简便，刘弘登基不改元。吕雉知道他活不久。既然活不久，又何必麻烦大家，无论什么都将就点。皇位是张椅子，吕雉伸长利爪，谁不听话，就将谁丢进永巷；谁温顺乖巧，谁就能来龙椅上玩玩。除了反对吕雉外，坐在龙椅上的人可以做任何事，包括终日饮酒淫乐。

权力的本质就是暴力。吕雉不只爱权力，也爱杀人，尤其爱杀刘邦和其他姬妾生的儿子。

自从刘如意被封为赵王，赵王就成了吕雉的眼中钉。刘氏子弟，无论是谁,只要敢承袭赵王的爵位,吕雉必诛。新的赵王就是刘友。

大方的吕雉不只册封刘氏子弟为王,还送他们每人一个女人。吕雉送给别人的女人,全部来自吕氏门中。谁娶了吕雉送的女人,就必须将她尊为正妻,否则后果自负。吕雉不会搞政治,但会搞政治婚姻,她包办的婚姻专门进行权力嫁接。

然而刘友却不听话,他不喜欢包办婚姻,他要自由恋爱。可是说了算的人不是姓刘的,而是姓吕的。吕雉送了一个女人给他,他怎敢拒绝?但他视此女为虎狼,更深信此女是吕雉的眼线,所以干脆冷落这个正妻,去和姬妾纠缠。

正妻受不了冷落,便到吕雉面前告状,甚至说刘友曾对自己讲过:姓吕的人妄想称王,等吕雉死后,定将诸吕斩尽杀绝。

不得不说,此女非常聪明,进谗言都抓住吕雉的疼处。吕雉等待一世,辛苦半生,目的就想吕氏万岁万岁万万岁,刘友竟敢杀绝吕氏。

吕雉听后大怒,找个茬将刘友给招到长安。刘友一到长安,吕雉就派人将他的官邸团团围住,不给吃喝。但凡有人私自送东西给刘友的,按罪处理。

刘友最终被饿死。

刘友死后,吕雉提拔刘恢为赵王。刘恢就是刘友的弟弟,他们还有一个弟弟,名叫刘建。卢绾造反后,刘邦便封封刘建为燕王,此举就是封同姓王的最佳表现。然而,刘友死后不久,刘建也走了,吕雉连刘建留下的儿子也给杀了。

吕后做事干净利落,一向斩草除根,绝不留情。刘恢接连为他的两位兄弟送葬。刚办完葬礼,刘恢便继承了赵王之位。

当赵王虽然比当梁王好,不过刘恢已经习惯梁王的生活,不想换环境。他想当梁王,但不敢说。自从被要求离开梁国后,刘恢整天愁眉苦脸,郁郁不乐,仿佛阳气散尽。吕雉送给刘恢的女人,正是吕产的女儿。此女嫁给刘恢，带了很多自己的心腹。由于刘恢懦弱且惧怕吕雉，慢慢地，吕女就开始了专权。身在强权压制的环境，刘恢一举一动都受到约束。

刘氏子弟既然如此懦弱，也不能怪吕雉专权。倘若刘氏子弟人人勇猛，吕雉就不能轻易专权。吕雉专权，是对刘氏子弟的一项大考验。在这种以血泪为代价的考验下，能胜出者定非常人。

拒封王刘恒逃过一劫

权力使人滋生生根永固之心，吕雉想让大权永远掌握在吕氏家族手中，然而她知道自己不可能长生不老。为了掌权，吕雉一只手封诸吕为侯为王，让吕氏家族掌握实权；另一只手将诸吕女嫁给刘氏男子，让刘氏皇族中吕姓的血脉更浓。双管齐下，效果明显。

此时，陈平和周勃等大臣的权力已被架空，无力触动吕氏家族；其他朝臣全是墙头草之辈，在吕雉面前只知道唯唯诺诺。刘姓皇子皇孙中，不是被吕雉先封官、次嫁女给收拾掉，就是将被死亡收拾掉。

放眼天下，吕雉独掌大权，吕氏家族官居要职。

吕雉弄死了几个不听话的皇子皇孙后，又将利剑指向代王刘恒。

刘恒一生默默无闻，刘邦不在意他，他在皇族中十分落寞。他的心中一无所有，他只求有个地方容身。

匈奴入侵，刘喜弃城而逃，刘邦封刘如意为代王。后来张敖因丞相贯高等行刺一事被废，空下的赵王之位被刘如意取而代之。最终，刘邦将代王这个称号送给了刘恒。刘恒受封为代王，既不高兴，也不忧心，只是淡然接受。

被封为代王时，刘恒只有八岁。按大汉惯例，如果子弟年幼或者无能，可以挂名为王，另派他人前往管理。这位派去代刘恒管理之人，就是后来联合韩信造反被诛杀的陈豨。陈豨被诛时，刘恒并未受到任何牵连。默默无闻的刘恒仍旧担任着默默无闻的代王。

刘恢死后，赵王一位空缺，吕雉环视一圈，眼光停留在刘恒身上。薄姬母子只求平平安安度过一生，眼见死了那么多位赵王，当然不敢接受。刘恒表示自己绝不接受赵王之位。吕雉给了他两条路走：第一条，刘恒接受赵王之位，接着她打出嫁一位吕氏女子的牌，最后吃定刘恒；第二条，刘恒不接受，一旦刘恒不接受，她就封吕氏男子为王。

刘恒选了第二条，吕雉顺水推舟，封吕禄为赵王。

过分张扬的刘章

吕雉连下杀手,但她就只有那几招:封官、嫁女。吕雉认为刘氏子孙只有两条路,第一是接受封赏和女人,被政治婚姻折磨捆缚;第二条是自寻死路。刘氏子弟有骨气,选择第一条的不多,选择第二条的都死了,刘友和刘恢是代表。但是,人总能在没有路的地方走出一条路,也总能在看似绝境的处境逢生。

吕氏权倾天下,刘氏子孙被吕雉收拾得畏畏缩缩,藏头躲尾;朝臣敢怒而不敢言,明哲保身。天下平静得如同冬日的海面,然而,海底的暗流沸腾咆哮,奔流不息。在这平静的海面,一颗小石子的坠落都能激起一圈接一圈扩散的涟漪。

在这平静如镜的海面,激起第一道浪潮的,就是那位差点被鸩酒毒死的刘肥的二儿子刘章。刘章有勇有谋,敢于跟吕雉拍板斗狠、坚忍斗智。

当时,人人都对刘肥的七十城垂涎欲滴。刘肥送一个郡给鲁元公主,就换回一条命,这就是明证。吕雉的野心不小,刘肥送出一个郡,满足不了她的胃口。在吕雉心中,刘肥的七十城应该全归她。吕雉想要七十城,但不便明言,她就找借口,东割一城,西要一城,刘肥的七十城立刻残缺不全。

首先，吕雉封吕台为吕王，割齐国的济南郡；其次，招刘章进长安，封为朱虚侯，嫁吕禄的女儿；再次，招刘章的弟弟刘兴居进长安，封为东牟侯；最后，割齐国的琅玡郡给刘泽，封刘泽为琅玡王。刘肥有三个儿子，两个进长安，只剩大儿子刘襄留在身边，很是落寞。

来到长安的刘章处处受约束，时时遭监视，心中极不舒服。然而发怒使性，匹夫皆能为之，藏得住怒气、忍得住怒火才是真英雄。吕雉封官，刘章接受；吕雉嫁女，刘章也接受。刘章不仅让她作正房，还将关系处得很好，和她如胶似漆，恩恩爱爱。

刘章不笨，他既不硬反抗，也不用冷暴力。吕雉送他一个很好的间谍，他将计就计，陪间谍玩热情，企图变间谍为反间谍。砍砍杀杀的热暴力之前，都有一场惊险万分的间谍战，谁先获取机密，谁就胜利。

生在困境中的人，通常都有两张面孔，一张是真面孔，活在黑夜中；另一张是假面孔，长在阳光底下。刘章给吕女看的是假面孔，给吕雉的更是假面孔。

一次，吕雉办个酒宴，让刘章为酒吏。

活在黑暗中的刘章早就厌倦了，他想见见阳光，或者说想让吕氏知道刘氏的阳光还没灭。吕雉命他做酒吏，他就抓住这个机会，开了一个条件：违令者，军法从事。

吕雉顺口答应，想看看刘章的把戏。刘章于是下令：酒宴上，私自逃跑者，当斩！立军令状，必有斩。刘章行此酒令，众人知道吕雉已先允可，并没将它放在心上，都认为只不过喝几杯酒，无论如何也不会喝出人命，更不会发生诛杀枭首之事。

喝到酒酣耳热之际，刘章说要唱首歌，为大家助兴，众人都觉得有意思，便大声叫好，吕雉也微笑允可。刘章便说唱耕田歌，话刚出口，有人讥笑，说："你父亲晓得耕田的事还差不多，你身为齐王之子，怎么会知道？"刘章是刘邦的孙子，身为皇室宗亲，自然不知道耕田种地之事，甚至连牛有几只脚都不知道。刘章却说他知道，吕雉越发乐了，准刘章放声唱。

走到场中，刘章喝杯酒，润润喉，清清嗓子，放声高唱：

深耕概种，

立苗欲疏。

非其种者，

锄而去之。

耕田种地，秧苗要稀疏，果实才会丰硕，这是种田耕地的道理。然而，"非其种者，锄而去之"一句，却说他人处心积虑，想要将秧苗拔除。众人一听，大觉不妙，因为刘章的歌词影射"非刘氏而王"和刘氏子弟被杀的现象。

然而，奇怪的是吕雉听了刘章的歌，竟然默然不语，陷入了沉思。她为刘氏家族辛苦搭建的帝国大厦，吕氏子孙能够守护吗？她是整栋大厦的顶梁柱，一旦她不在了，这栋华丽且雄伟的大厦能支撑多久？如果大厦倾覆，她吕氏家族必遭灭门之祸。在权力的赌桌上，权力就是生命，生命也是权力，一旦赌上，就只许赢不许输。

场面僵了，没关系，自会有人激活，上流社会不缺只会打哈哈的小丑。一小会儿，场面又活跃起来了。众人照样喝酒，然而，一见到刘章，他们就感觉喝不下。喝不下，也得喝，因为刘章先下军令：酒宴上，私自逃跑者，当斩！

这次酒宴，刘章整人是整定了，吕雉都被他涮了，下一个被整的人必然出现，只差名字还未公布。刘章仗剑，绕着桌子监督，众人都必须海喝。有个家伙喝不了酒，偷偷地跑了。刘章提剑追出，举剑砍死，一刀就将头给割了。

刘章提着首级回来，表情淡定，说："有一个家伙私自逃跑，我依军法，斩了。"

他人高马大，右手持剑，左手提起一个血淋淋的头，好不吓人。

刘章真敢斩人，被斩之人还姓吕，宴饮诸人无比惊恐。刘章立军令在先，吕雉允可在后，纵使斩人，吕雉也无话可说。刘章牛刀小试，诸吕对他从此心存忌惮。吕雉也终于知道吕氏子弟的才能是支撑不住帝国大厦的。

在这之后，仿佛在乱军中看到一面大旗，不少朝臣终于看到曙光，归附刘章。

刘章胆敢如此，首先是他为人大胆；其次，他深获夫人芳心，而这一点，正是其他刘氏子弟所缺乏的；最后，刘章的封地殷实，物质资本充足，而且不乏外援。

汉初明星陆贾

刘章年轻气盛，借酒宴之机，大斗吕雉，为刘氏家族挽回不少气势，诚心认同刘氏家族的大臣也略感扬眉吐气。然而，吕雉并非善类，刘章的行为连吕氏家族的皮毛都没触及。欲剪除吕氏，必须连根拔，否则后患无穷。丞相陈平，正在为拔根之计，闭门苦思。

诸吕专权，朝廷没有掌握实权的大臣，太尉周勃没兵权，灌婴的权力也被架空。周勃与灌婴都是武将，不懂计谋，再说，周勃与陈平存有嫌隙，彼此难有一句好话。举目四顾无人，历史重任全都压在陈平一人的肩头。陈平整日闭门苦思，妙计难出，甚是痛苦。

正当陈平愁上眉梢之际，一位书生的出现给事情带来了转机。这位书生，就是陆贾。

当年刘邦征战四方，仅靠郦食其和陆贾这两张利口，就消弭不少战事。郦食其死后，陆贾陆续为刘邦立功，最大的一功就是招降南越王尉佗。尉佗，姓赵，所以尉佗就是赵佗。

大汉初建，生产未复，民生凋敝，兵卒疲惫，难以再对南越用兵。不能用兵，只好招降，那就只能用辩士。郦食其已死，陆贾就是大汉第一辩士。刘邦于是派陆贾出使南越，赐封尉佗为南越王。

尉佗断了官道，使中原大军难以攻入，而且他独力平定南越，难

025

免自命不凡。尉佗心想，刘邦派一位书生为使，封个王，就想收服南越，未免也太小瞧人。尉佗是武将，傲慢得紧，看不起腐儒，想借羞辱陆贾之机侮辱刘邦。

陆贾到来时，只见尉佗梳个直挺挺的锥形头，张大腿，箕踞而坐。如此接见使者，实在无礼至极，陆贾却并不生气，而是动之以情，晓之以理，吓之以武。

陆贾说："你是中原人士，父母兄弟的坟墓都在真定（今河北石家庄市东北）。然而，你违背礼仪，不系冠带，还想凭小小的南越抗衡大汉，你就要大祸临头了。"

尉佗知道这是游说的开场白，不以为然。

只听陆贾续道："秦朝暴政，天下豪杰并起，但只有刘邦先入关中，占据咸阳。项羽违背约定，妄自尊大，自立为西楚霸王，他力能扛鼎，统领天下群豪，算很强了吧？可是刘邦仅凭巴蜀之地，便能劫掠诸侯，诛杀项羽，只用五年时间就平定天下。刘邦立下这等功劳，不是人力所能办到的，那是天意所向！"

陆贾要先长长刘邦的威风，将刘邦捧上天；接着灭尉佗的志气，将尉佗踩到地下，恐吓尉佗不能轻举妄动。辩士没有多大能耐，但他们能搅乱对方思绪，让对方进入他们的圈套。

陆贾又说："刘邦听说你偏安南越自立为王，却不伙同天下人一起诛戮暴秦，很想派军打你。然而，他心性仁厚，知道天下百姓苦于战乱，不想再造杀戮。我作为剖符通使带着皇上的授印，你本该出门迎接，北面称臣。而你不但不迎接，还妆容凌乱，坐着迎接我，你简直是大逆不道！"

紧接着，陆贾大吓尉佗，说："你今天的所作所为如果被皇上知道，他一定会灭你全族，对皇上来说，这只不过是举手之劳。"

陆贾一席话，宛如长江大浪一浪接一浪，容不得尉佗有多余的思考时间，直逼尉佗最心忧之处。最后这一句"灭你全族"果然有用，

汉文帝刘恒

却座图轴　南宋

吓得尉佗正襟危坐，向陆贾谢罪说："我在这蛮夷之地生活得太久了，因而失了礼仪。"

只听说过项羽，不知道汉臣的尉佗如果仅凭陆贾几句大话，就吓得俯首称臣，那也不配称为尉佗了。尉佗问陆贾，他和萧何、曹参、韩信相比，谁更厉害。陆贾想贬低尉佗，让他俯首称臣，但不能将他贬死了，否则，尉佗就会想同汉朝大干一场，较较劲。陆贾说，尉佗似乎稍微厉害一点点。尉佗得寸进尺，将他和刘邦比。如此一比，陆贾不将刘邦吹上天都不行，否则尉佗怎肯甘心臣服。

陆贾说："皇上起于沛县，讨伐暴秦，诛灭强楚，为天下兴利除害，那是继承三皇五帝的大业，统帅天下，治理中原。中原地方万里，百姓生活殷实，物资齐备，政令严明，这可是盘古开天辟地以来没有过的景象。你不过管理几万蛮夷，又在山地崎岖之处，最多与我们的一个小郡县相当，怎么能和皇上相比呢？"

所谓，高下形也，强弱势也。尉佗大笑，说："我没在中原起事，因而在这个小地方当王；如果我身在中原，就不见得会差于刘邦。"尉佗果真自命不凡，然而，遇上陆贾这张利嘴，无论尉佗多么自命不凡，也都要乖乖臣服。尉佗留陆贾喝了几天酒，陆贾说了一些逸闻怪事给尉佗听，尉佗很高兴，陆贾临行，他又送金子又送礼物。

后来吕雉临朝称制，想封诸吕为王。陆贾知道不能劝服，称病回家。陆贾在好畤（今陕西乾县东）买了块好地，将尉佗送的钱分给儿子，让儿子们从事农业生产。

陆贾不管朝中事务，但也知道吕雉封诸吕为王，诛杀刘氏子弟，架空陈平和周勃权力之事。陈平称病不见，作为聪明人，陆贾怎会不知道其中隐情。他来见陈平，就想给陈平指指路；陈平不见，他就硬闯。

陆贾问："你闭门不见，想什么呢？"

"你猜我想什么？"

"你是丞相,有三万户侯的俸禄,已经达到富贵无欲的境界。你有深忧,不过是心患诸吕、担忧少帝。"

"是这样的。该怎么办呢?"

"国家安宁,就要注意丞相;国家危难,就要注意将军。丞相和将军相交,那么朝臣就乐于归附;一旦朝臣归附,就算天下有变,大权也不会旁落。只要大权不分,国家就安然,一切全在将军和丞相的掌握之中。为了国家,你何不结交周勃?"

陈平采纳了陆贾的建议,主动结交周勃。自此,陈平和周勃相交日深。

第二章

帝国终归姓刘

敌不过岁月雕琢，吕后归西

春天，那是掌权者前去向天祈福消灾的日子。

吕雉临朝称制这几年，天灾不断，一会儿洪水，一会儿日食，一会儿月食，一会儿又是冬天桃李开花，夏天雪花飘飘。在古人看来，天有异相，人间必有大灾。这灾是上天降的，因为天子无道。一个皇帝什么都可以不怕，却不能不怕上天，吕雉大权独掌，除了天，她也是什么都不怕。

吕后八年（公元前180年），吕雉去灞上祈福，经过轵道时，见一只如苍狗的东西飞到她腋下。吕雉惊恐万分，撕破衣服，想找出那个东西，看看是什么。费心费力的吕雉没在腋下发现什么。正因为什么也没发现，所以她越发感到害怕。自此以后，每天吕雉都觉得腋下有异物，脱衣查看，却什么都没有；刚穿上衣服，她又觉得腋下有异物蠕动，这种感觉像蛇爬，像蜈蚣走动，又像蜘蛛布丝。

自从看见那苍狗般的异物飞进腋下后，吕雉的身体一天差过一天，终日心神恍惚。在祈福的路上遇上这等怪事，她开始怀疑那是上天的惩罚。她请人给她占了一卦，卦象说那是刘如意的冤魂。

这可真叫人不寒而栗。吕雉怕天，也怕冤魂，更怕刘如意的冤魂。刘如意乖巧伶俐，因为和他母亲有仇隙，吕雉就毒死刘如意。听说飞到他腋下的异物是刘如意的冤魂后,吕雉惊恐万分,白天见刘如意坐在阴暗处被宫女、太监硬灌鸩酒,夜晚梦见刘如意笑盈盈地向她走来。吕雉很害怕,但她仍旧将大权抓得很紧,照样整治那些她看不顺眼的人。四月,老天大发脾气了,南方暴雨不停,长江和嘉陵江泛滥成灾,洪水冲走一万多户人家。

表面看来,吕雉没有疾病,腋下的皮肤完好如脂,然而,身体却如江河日下,一日差于一日。吕雉渐渐变得不能走动,整天只能躺在床上,但她的眼睛仍旧怒火炯炯,骄横逼人。生命一天比一天难熬,吕雉虽不甘心,也不得不放手,因为她知道死期临近。

吕雉一生,没做什么好事,坏事做的却不少;没真正享受天伦之乐,破坏人伦的事倒干过很多。跟随刘邦征战,她吃苦多,享福少。当上皇后以后,刘邦冷落她,她更是幸福的日子少,痛苦的日子多。当上太后之后,吕雉那颗痛苦的心全神贯注于做痛苦的事,弄得天怒人怨,她大概也不开心吧。她很爱刘盈,可是刘盈不爱她,早早地弃她而去。吕雉整死很多人,世界就像只剩她一个人,冷清,寂寞,恐怖。

吕雉一生,真似:枉费了意悬悬半世心,好一似荡悠悠三更梦。吕雉狠毒,但不失母性之心。她知道大臣们不服吕氏掌权,她要安排好后事才死。张敖和鲁元公主生了个儿子,名叫张偃,张偃命也不太好,父母早死,留下他在人间孤孤单单地活。吕雉知道张偃无能,于是封张敖和姬妾生的两个儿子为侯,让他们辅助张偃。

她还封吕禄为上将军,统率北军;让吕产统率南军。这两支军队驻扎在长安和洛阳,事关吕氏家族生命安危。吕雉又封赏了一大帮吕氏成员,希望他们能够守住她辛辛苦苦建立的帝国大厦。

临死之前,吕雉再三叮嘱:非刘氏而王,天下共击之。吕氏封王,大臣不服。我就要死了,皇帝年幼,你们要防大臣兵变。一定要领兵坚守宫室,挟制皇帝,万万不能为我送丧。

没有人为吕雉送丧，因为她的这些个亲人不敢离开长安和洛阳。

吕雉死后，大赦天下。吕产升为相国，吕禄的女儿当皇后。吕产和吕禄掌握兵权，但他们并不是带兵的料，因此吕氏注定灭亡。吕雉极力提拔吕氏家族，却没培养出一位能够撑起整栋帝国大厦的能人。吕产和吕禄只会看护院子，他们撑不起吕雉的大厦。

多行不义必自毙

多行不义必自毙。吕氏家族倒行逆施，最终自然逃不掉倒台的命运。

吕雉企图以政治婚姻的形式打入刘氏皇族，然而，并非每个吕氏女人都如她那么坚定。在吕雉的一手操纵下，她给刘氏家族送去了一位极好的间谍。这位间谍，就是吕禄的女儿，刘章的妻子。吕雉本想让吕氏女子潜伏于刘氏皇族，殊不知，吕氏集团却被反潜伏。吕禄的女儿知道父亲和吕产担心被诛，预谋作乱，便将消息告诉刘章。刘章即刻转告齐王刘襄，说："吕氏家族要造反，你快出兵西进，我和兴居打内应，大家一起诛灭诸吕，你做皇帝。"

刘襄马上召集舅父驷钧、郎中令祝午和中尉魏勃，准备起兵西进。突然，丞相召平派士卒将齐宫团团围住。

魏勃对召平说："齐王想发兵，但是他没有朝廷的虎符凭证。没有虎符凭证而发兵，那就是造反，军队就是叛军。你作为丞相，这一点做得很好。你去休息吧，让我替你围住。"召平大概一时昏了头，竟然当真将围困齐宫的事交给了魏勃。召平刚回到相国府，魏勃便撤去围困齐宫的兵，领兵反围相国府。片刻之间，优劣陡转，遭此大变，召平伤痛难抑，叹了句"当断不断，反受其乱"，拔剑自刎。

吕雉安插此等间谍，真要笑掉天下人的大牙。刘襄脱困后，命魏勃为将军，封驷钧为丞相，拜祝午为内史，起全国之兵，浩浩荡荡向西进发。刘襄深信，大难不死、必有后福。魏勃在关键时刻解救了齐国，就一定能够趁势解救天下。刘襄此次发全国之兵，大举进发，以二弟刘章、三弟刘兴居为内应，内外夹攻，吕氏必灭。吕氏灭后，他刘襄就是皇帝。

皇位，对权力欲极强的人有一种难以形容的魔力。刘襄领大部队向皇位进发，命祝午前去游说琅玡王刘泽，说："吕氏家族想造反，齐王刘襄已经起兵前往征讨。齐王知道自己辈分低，年纪轻，不懂打仗的事，他愿意将全齐国的兵交给你。你和高祖皇帝东征西讨，了解战争，齐王不敢私自动兵。齐王派我为使，请你前往临菑和齐王商议，共同平定关中。"刘泽听得心花怒放。刘氏门中，他辈分最高，资格最老，一旦诛灭吕氏，他无疑就是新皇帝。

各有各的如意算盘。刘泽想当皇帝，刘襄却想趁机收回他的琅玡郡。刘泽的琅玡郡原属齐国，为拉拢刘泽，吕雉割齐国的琅玡郡给刘泽，封刘泽为琅玡王，嫁吕媭的女儿给他。刘泽见不得一丁点利益，发现能当皇帝，高兴得差点疯了。当即起行，随祝午前往临菑。一到临菑，刘襄扣留刘泽，命祝午返回，率领琅玡郡兵西进。

刘泽被扣，肠子都悔青了，立刻整理思绪，寻思脱身之计。痛定思痛，他发现不只他一人想当皇帝，于是对刘襄说："你父亲刘肥，是高祖皇帝的长子，你是长孙，诛灭吕氏后，你就该当皇帝。朝臣对此狐疑不决，我在刘氏中辈分最高，资格最老，说话有分量。留我在临菑对你无益，让我去长安，我保你当皇帝。"

有的人胆大，有的人是傻蛋，不知道刘襄是胆大还是傻蛋，他刚摔了刘泽一跤，竟然还相信刘泽会帮他。刘襄听后，心下大乐，派一支卫队护送刘泽去长安。

刘泽走后，刘襄大驱军马，攻取济南。为加速实现皇帝梦，刘襄

传檄天下:

高祖皇帝平定天下,分封子弟为王。高祖皇帝死后,吕氏家族竟然诛杀三位刘氏子弟,割分齐国,危害高祖帝业。吕雉擅权,惑乱朝纲,弄得天灾连连,民怨沸腾。吕雉死后,诸吕又拥兵自重,挟制天子,威逼忠臣。如今皇室衰微,请大家随我一起西征,平定叛乱,辅助刘氏帝业。

刘襄传檄天下,大驱军马,声势十分浩大。诸吕深感恐惧,吕产派大将军灌婴东进迎敌。灌婴忠于刘氏,屯兵荥阳,与刘襄约定,待诸吕叛乱,两军同时攻向长安。灌婴军屯荥阳,刘襄军屯济南郡,两军虎视眈眈,时刻注视长安。一旦长安稍有变动,两军齐发,诸吕必成齑粉。

吕氏外有患内有忧

吕雉悲哀，家门中竟然有这几个不成器的蠢材。吕产病急乱投医，竟然派灌婴迎击刘襄，灌婴对刘氏忠诚无二，这根本就是倒持太阿，反助敌军。都说烂泥扶不上墙，吕雉偏要挑战，代价只能是血。

城外有大军虎视眈眈，城内有谋士阴谋密计，吕氏集团却痴若呆子。为夺取兵权和相印，陈平和周勃劫持曲周侯郦商，逼迫他儿子郦寄游说吕禄，威胁吕禄交出兵权，归还相印。

好友郦寄对吕禄说：

"天下是高祖皇帝和高皇后共同打下的，高祖皇帝立了九位王，吕后立了三位王，这都是经朝臣同意，天下所共知的。太后刚死，皇帝年少，你身为将军不带兵守边，却集兵长安，以致被朝臣怀疑欲图不轨。你赶快交出将军印，将兵权还给太尉，再让梁王交出相国印，同朝臣歃血盟誓，两相安好，回到封地。如此，齐国必会退兵，朝廷才会安全，你也才可以高枕无忧地享受王位，这才是有利于万世的事。"

吕产没有头脑，吕禄的大脑里简直全是豆渣。面对内忧外患，他竟然觉得郦寄说得对，去和吕产以及诸吕商量交出大权一事。吕雉经千难历万险好不容易搞垮了刘氏子弟，架空陈平和周勃，这几个不成气候的家伙竟然想拱手交还大权。吕雉倘若死而有灵，做鬼恐怕也要从地府爬上来。诸吕子弟毫无见识，各执一词，商讨半天只能暂且搁置。成大事需当机立断，诸吕临事犹豫，恐怕离死期不远了。

九月十日，曹参的儿子，行御史大夫曹窋到吕产处汇报公事，恰逢郎中令贾寿从齐国回来，将灌婴和刘襄的密谋告知吕产。吕产心惊肉跳，只顾和贾寿商量对付之策，竟然忘了曹窋的存在。曹窋见大事紧急，当即跑去告诉周勃和陈平。

事情紧急，一方面，周勃当机立断，冒险进入北军大营，矫诏调动兵将；另一方面，催促郦寄等人，加大游说工作，争取蒙骗吕禄的将军印。陈平之计，一只手抓军事武装，另一只手抓政治诱降，如此一来，没有头脑的诸吕必死无疑。

在郦寄等人的地毯式政治灌输下，吕禄也昏了头，双手呈上了相印和兵权。

周勃要弄矫诏，必须有皇帝的符节，而这掌节使者，正是忠心耿耿的襄平侯纪通。吕氏擅权，挟制君主，纪通早就恨之入骨。听说周勃需要符节调动北军以诛杀吕氏，纪通立刻呈上。周勃带上符节，风驰电掣般奔往北军大营。正奔行间，使者拦住周勃，将将军印交给他。周勃大喜过望，奔行更速。刚进军门，周勃大喊：

支持吕氏的，露出右臂；支持刘氏的，露出左臂。

将士们都露出左臂，没一人露出右臂。吕氏家族，独木难支，孤掌难鸣，等着他们的就只有一条死路。

周勃佩戴将军印，统帅北军，命刘章监管军门，绝不能让吕产进入未央宫。已经交出相印和兵权的吕禄，只是废物一个，不必管理。周勃统领北军，只担忧吕产领军相攻。吕产缺乏智谋，但不乏勇猛，倘若他狗急跳墙，拼个鱼死网破，关中必然大乱。

果不出所料，宫门刚刚关闭，吕产就带领军士来到。吕产喊话，门内无人回应。宫门坚闭，吕产知道难以强攻进入。面对漆黑而冷漠的宫门，吕产踌躇不定，焦躁地来回踱步。

曹䆗把吕产在宫门外徘徊的事告知周勃。周勃担心吕产势大，命刘章前往护卫皇帝。陈平和周勃允诺，灭了吕氏后，刘章和刘兴居两兄弟将分别担任赵王和梁王。

周勃给刘章的兵不多，只有一小队人。刘章年轻力胜，血气方刚，见吕产在宫门外游来游去，心里很不舒服，于是领着卫队直冲吕产大军。

历史上不乏以少胜多的战役，刘章此次大战吕产，就是以少胜多的例子。据《汉书》记载，两军相战正酣，突然大风狂卷，吕产军军旗折断，接着天地陡然一片黑，吕产军没一人敢战斗。

吕产大败，刘章追击，狼狈不堪的吕产慌不择路，竟然藏到厕所里。刘章追到，大脚踢开门，吕产瑟瑟发抖，刘章手起，吕产头落。吕产不是真正意义上的穷兵黩武者，但他的死，很像穷兵黩武者的。大凡穷兵黩武者，一旦兵败，立刻就会死于兵器。正如持剑者，必死于剑刃。

有心栽花花不发

大凡有野心的人都很勇猛，勇猛的人却未必有野心。刘章是前者的代表，韩信是后者的代表。刘章这个人，杀敌勇猛，也有野心。起初，刘章叫齐王刘襄发兵，打的主意是：铲除吕氏，刘襄称帝。如今，吕产被诛，吕禄不足为惧，刘章的计划也就实现了大半，刘襄的皇位看来十拿九稳。

陈平和周勃许诺赵王之位给刘章，刘章也答应了，然而，一方是口头许诺，另一方是随口答应。政治的关键在于因势制宜，刘章和陈、周二人联合，只因吕氏势大，担心斗不过。现在吕氏被灭，刘章勇冠三军，他的心情不免悄悄地起了变化。

大败吕产之后，刘章独立城门，身后站满军士，颇有问鼎天下的气概。就在这高兴的时刻，刘弘小皇帝遣使持节，前来犒劳刘章，夸他诛贼功大。刘章正兀自沉浸在幸福的想象里，听了使者之言，笑也不是，气也不是。见使者持节立在风中，刘章几乎是下意识地蹬腿远跳，欲抢符节。使者见刘章扑到，势如猛虎，劲风逼人，当即斜身矮肩，忙将符节紧紧抱在胸前。

符节乃是皇帝信物，见节如见皇帝本人，刘章公然抢夺，可见他心中已没有皇帝。刘弘这孩子，久困宫中，不知形势变化，还认为刘章真是护卫功臣。他没想想，刘章拼命杀敌，终究为何。灭了吕氏后，各种势力必然重新组合，形成新格局，就像大洗牌。刘弘年幼，没有势力，自然毫无地位。他遣使持节，犒劳军士，用心虽好，却行不通。一个连命都未必能保全的孩子支起皇帝架子犒劳军士，不免可笑。

刘章势如虎扑，一抢没中，也不好再抢。早晚都要见小皇帝刘弘，刘章顺水推舟，先卖个人情，随使者前去面见刘弘。刘章这么做，首先是服从周勃的命令，前往护卫皇帝，在周勃处留了后路；其次，前往面见皇帝，倘若皇帝不被废除，他就是皇帝身前的红人，人人敬仰；第三，如果皇帝被废，他也能将此行说成是探听虚实，为废黜皇帝铺路。这么一件简简单单的小事，给刘章带来那么多的好处，刘章脸上又开始堆满笑容。

一路上，刘章欣喜无比，如沐春风。他沿途招降众人，追随军士不下万人，声势显赫。刚进长乐宫，便立刻下令捆绑长乐卫尉吕更始和所有吕氏成员，一并就地正法。宫廷政变，总要流血的，不流血就无法进行大洗牌，倘若要追究，只能怪吕雉高估了她吕氏家族的力量。吕雉一子走错，吕氏满门灭族，可悲！

掌控长乐宫后，刘章春风满面地奔回北军大营，将一切详详细细地告知周勃。刘章不是傻子，他不会说出扑身抢节之事。

刘章诛灭吕产，心腹之患被除，周勃十分高兴，说："我们只害怕吕产，现在吕产被诛，天下就太平了。"周勃说天下太平，深层意思是天下掌握在他们手中。陆贾的"将相和"之说，果然奏效。

"首恶"吕产和吕禄被诛，诸吕不足为患，周勃大开杀戒，命人抓捕吕氏家族。吕氏一门，从朝廷要员到地方小官，从堂中老人到窗下小儿，不论男女，一概问斩。一人犯法，全家被诛，这是权力的恐怖之处，也是当政者深层恐惧心的一种折射。

朝臣诛灭吕氏，害怕刘弘将来报复，决定废除刘弘，这就是防人之心。这是一次朝臣革命,既然不改制度,就要换换皇帝。在中国历史上,不仅有一朝天子一朝臣,也出现过一朝臣子一朝天子。

陆贾是对的,只要"将相和",天下就是将和相说了算,陈平和周勃主持商讨另立新皇帝之事。要立新皇帝,候选人不外乎在皇子和皇孙中。皇子辈中,只有默默无闻的代王刘恒和年幼的淮南王刘长;皇孙辈中,齐王刘襄一枝独秀,在众皇孙中就如鹤立鸡群。刘章有眼光,知道他哥哥刘襄在皇孙辈中的地位,于是提议刘襄为新皇帝。

刘襄的封地有七十座富庶的城池,此次诛灭吕氏,他领兵驻守济南郡,虎视眈眈地凝视吕氏家族,威慑力很大。他二弟刘章挑战吕雉,诛杀吕产,除去吕氏家族中最厉害的武将,护卫未央宫,功劳不薄。他三弟刘兴居对诛灭吕氏家族的贡献也不小。陈平和周勃又答应将赵王和梁王之位送给刘章和刘兴居。刘襄外有精兵,内有刘章和刘兴居声援,不少人提议恭迎他入宫为帝。

少数大臣争论道:"正因为吕氏家族凶狠,才差点灭绝了刘氏宗庙,立皇帝要选母舅家族不凶狠的。齐王刘襄的母舅驷均为人蛮横,凶狠得紧,不能立齐王。如果立齐王,恐怕会出现第二个吕氏家族。"刘泽是这种观点的极力鼓吹者。

刘泽被刘襄蒙骗扣留,地被抢,兵被夺,耿耿于怀。他嘴上说到长安为刘襄争取皇位,怀的却是一颗捣乱的心。朝臣提议立刘襄为帝,他第一个不同意,大吹刘襄母家的坏处。刘氏宗族中,刘泽身份最尊,他持此议,朝臣不便争执。刘泽说几句夸张的话,刘襄的皇帝梦便破了,这就是仇恨的力量。

朝臣们用心寻找母家不恶的皇子,想到刘恒时,众人的眼睛陡然雪亮。刘恒的母亲薄姬坚忍淡然,不争强好胜,不拉帮结党,俨然是位贤妻慈母。薄姬孤家寡人一个,她的娘家早已破散,只剩一个弟弟薄昭。薄昭和薄姬一样,坚忍克制,安分守己。一句话,刘恒是位默默无闻的好皇子,他母亲是位默默无闻的好母亲,他母亲的娘家更是默默无闻的好娘家。

朝臣一致认为，代王刘恒是现存皇子辈中最仁和、最宽厚、最孝顺节俭的。他老娘薄氏是天下最善良的人，不会整人，只会被人整。他舅舅薄昭是天下最温顺的人，不会管人，只会被人管。刘恒品德合格，他外家的条件满分，全体朝臣一致同意立刘恒为新皇帝。

默默无闻的刘恒赢得选举人的全部投票。

魏媪说薄姬能生天子，魏豹相信薄姬能生天子，薄姬对刘邦说她能生天子……算命之言多么令人心动，谁知吕氏被灭后，多年之前的算命之言竟然真的成了现实。

刘恒能当皇帝，刘恒自己一定第一个不信。

"顺天意"刘恒称帝

刚听说吕氏被诛,使者就请刘恒前往长安登基称帝,这是一个多么吓人的笑话。刘恒一生默默无闻,没为诛灭吕氏贡献一丁点力量,论品格,讲资历,都轮不到他做皇帝。周勃突然给他这么个大馅饼,刘恒真不敢啃。

刘恒母子好不容易逃出长安,逃出赵王之位的陷阱,他母子二人从没奢想大富大贵,只求继续淡然地生活。周勃遣使前来,刘恒不问这块馅饼是好是坏,他只想知道自己该怎么办。

"那些大臣都是高祖皇帝的旧部,能征善战,阴谋诡计多得很。他们迎立你为皇帝是名,内心阴谋却深不可测。他们设此圈套,主要是畏惧高祖皇帝和吕后的余威。刚刚诛灭吕氏,长安人心不安,他们要以迎立你为名,做点表面功夫。我劝你称病留守,静观其变。"郎中令张武主张拖延不住,静观其变。张武说周勃等有阴谋,却只能说对方的阴谋深不可测,等于白说。薄姬母子相依为命,能活到今天,全靠淡定自持,静观其变。张武一席话,没说上重点,却说出了刘恒心中所想。刘恒是保守主义者,他不敢奢求生活变得更好,只求生活不要变糟。

可是,中尉宋昌不同意张武的提议,他建议刘恒前往长安,并且列出几条理由：第一，秦朝行苛政，诸侯并起，最终是刘氏称帝，这人人都知道，因此皇位还是刘氏的；第二，刘邦分封子弟为王，各位王的封地都互成地利之势，天下疆土格局难以变动；第三，大汉王朝废除苛政，法令严明，广布恩德，百姓安居乐业，不愿遭受战乱；第四，吕雉狠毒，但周勃持节进入北军大营后，将士人人表示支持刘氏，这是天意使然，而非人为；第五，就算大臣想起事，百姓也不听他们使唤，再说长安有刘章和刘兴居等宗亲，外有吴王、楚王、淮南王、琅玡王、齐王和代王等守御边疆，天下还在刘氏手里。宋昌说了这么一大堆，结论是：代王资格最老，仁爱贤孝，天下皆知，大臣是真心迎立，可以放心前去。

尽管如此，刘恒还是小心谨慎。他派舅父薄昭前赴长安，向陈平和周勃等探明虚实，证明迎立一事是真是假。薄昭随刘恒母子从吕雉的魔爪中逃到代郡，忠心耿耿，精明能干，刘恒信得过。到长安后，薄昭求见周勃，周勃将迎立刘恒的原因细细说明。周勃不会作伪，薄昭见他真挚诚恳，即刻回报刘恒：迎立是真，可以前去，放心。

熬了这么多年，薄姬熬白了头发，刘恒熬垮了身体，终于熬出头了。宋昌所言成真，刘恒拜为参乘，张武前往长安报信：新皇帝就要来了。

先派薄昭探听，又派张武报信，刘恒是想排除一路上潜伏的各种不安。他深知，走向皇位的道路曲曲折折、坎坷难料，越看似光明平坦的大道，脚下隐藏的危机可能性越大。平安来到高陵之后，刘恒又派宋昌先到长安报知，欲引陈平和周勃等前来迎接。

刘恒这一招叫作力未到先造势，他不知长安虚实，只能先造声势，让百姓都知道朝臣迎立他为皇帝。百姓知道他是皇帝，众怒难犯，朝臣就不敢随意摆弄他。

当张武来到长安，陈平和周勃听说皇帝将到，率领群臣，齐往渭桥等候。宋昌见渭桥黑压压的一大片，峨冠博带，全是官员，马上回报刘恒：安全得紧，可以动身。官员全体出迎，声势足了，皇位龙椅被安稳了，刘恒即刻前进。

刘恒一到，百官下跪迎接，口中说尽感恩戴德之语。屁股还没坐上皇位，刘恒不敢轻易地受礼，见百官下跪，忙下车还礼，态度恭谨至诚。迎立如此谦恭有礼的皇帝，周勃心怀大畅，满腹得意，骄傲地走到刘恒身边，轻声说："我们私下谈谈。"

皇上如此谦恭有礼，周勃立此大功，一颗心不禁开始骄傲。宋昌见周勃脸有得色，恐他居心不良，大声说："如果说的是公事，就公开说；如果是私事，皇帝没有隐私。"此言一出，群臣都吃了一惊，周勃更是冷汗直冒，退后几步，恭恭敬敬地奉上玉玺。

玉玺是皇帝的象征，掌管玉玺就是掌握皇权。周勃双手奉上，刘恒婉言谦让，坚拒不接。群臣多番相劝，刘恒还是婉言相拒，最后说到代王府邸商议。皇位，人人想坐；皇帝，人人想当。刘恒就是既想当皇帝、又会坐皇位的人。朝臣因他谦恭仁厚而迎立他，他自然要表现得非常谦恭仁厚，力求名副其实。

刘恒进入官邸，群臣全体跟随。刘章和刘兴居等宗室人员一起说："刘弘那家伙不是孝惠皇帝的亲生儿子，他不能侍奉宗庙。群臣已经和琅玡王、宗室、大臣、王侯等商议，认为代王是高祖皇帝的孩子，理应继承帝位。"

谦让多次，刘恒这次来逐个击破，将那些有可能接任皇帝的人说出，让朝臣全体否决。如果朝臣否决了所有人，他就能安心继位称帝。刘章等人话中没提及楚王，刘恒就说让楚王为帝。群臣说楚王和其他王的母家凶恶得紧，畏惧外戚擅权，不能让他们当皇帝。朝臣恭请刘恒受玺称帝，刘恒坚拒。朝臣多次相劝，刘恒屡屡拒绝，一来二去，刘恒多次向西、向南谦让。东西向、南北面是古代的礼仪方位，刘恒如此做，表示坚拒不受。刘恒多次相拒，群臣又烦又累，该是大人物出马了。这时，言语最有分量的陈平说："我认为你侍奉刘氏宗室最合适,天下诸侯、王国、将相和百官等都认为你合适。为苍生着想,你还是接受玉玺称帝为好。"

陈平的话表示所有人都同意刘恒称帝,刘恒多次谦让,要的就是这个结果。陈平话音刚落,刘恒即刻受玺称帝。陈平会说话,所以一语中的;群臣不会说话,便是枉费唇舌。面临大事,还是需要大人物来解决。

欲行非常之事,必要非常之才。陈平是非常之才,能办非常之事。

刘恒登基称帝,开创了大汉的"文景之治"。

别开生面的刘恒

千呼万唤，刘恒方始称帝，犹如琵琶女。琵琶女上场，就要为她清理现场，腾挪出表演地方。刘恒称帝，朝臣就该为他清理现场，腾挪出大展拳脚的舞台。

新皇帝要住未央宫，旧皇帝就不能住。在诛灭吕氏这场大战中，刘兴居没大功，主动请缨，希望补功。夏侯婴驾车，载着刘兴居前往未央宫清宫。刚进宫门，刘弘的几位侍卫持戟横拦，不让进入。刘兴居详细跟刘弘的侍卫道明来由，侍卫于是自行退去。

刘兴居告诉刘弘，他不是刘盈的儿子，不能当皇帝。刘弘很纳闷，以前他明明是刘盈的儿子，为何现在突然不是了？夏侯婴抱刘弘上车，刘弘轻声问道："你要将我安置到哪里？"夏侯婴回答："就在少府，路途不远。"

大汉王朝，在载主逃亡的意义上说，是被夏侯婴的马车拉出来的。项羽追击刘邦，夏侯婴发挥超前车技，车奔如飞，保住狼狈不堪的刘邦和懦弱无能的刘盈；冒顿围困刘邦，夏侯婴再次发挥超前车技，潜行暗走，保住胆战心惊的刘邦。现在，夏侯婴老而弥坚，不辱使命，将平安送走刘弘，迎来孝文皇帝的美好时代。夏侯婴忠于刘氏，百年不变，接送刘邦尽心尽力，送走刘邦的子孙同样尽心尽力。

这时变故又生。刘恒入住未央宫，却有几个不知死活的侍卫持戟相拦，说皇帝在内，不让进入。周勃立即晓谕，说旧皇帝是假的，被废了；眼前的是新皇帝，是真的。侍卫闻言退让，刘恒才得以平安进入未央宫。入宫后，刘恒封宋昌为卫将军，镇抚南北大军，护卫皇室安危，另封张武为郎中令，管理宫中事务。

刚入未央宫，竟然有人持戟相阻，大大不利，刘恒心里微有不快。为消除刘恒的顾虑，减少对将来不必要的隐忧，刘弘兄弟的死已不可避免。刘盈生的几个儿子，淮阳王刘强、恒山王刘不疑、襄城侯刘山、轵侯刘朝、壶关侯刘武，命苦如斯，可悲可泣！

刘恒很仁厚，大赦天下。大赦天下是皇帝登基后必做的一件事，但有些人不能赦免，例如假皇子刘弘兄弟。

公元前179年，刘恒登基，为孝文帝，史称孝文元年。孝文帝仁爱宽厚，广行德政，开启了日后被称为"文景之治"的治世大门。

朝臣选立天子，天子也要任免朝臣，赏善罚过。人的好恶常常成为善过的标准，这对大权独掌者尤其如此。刘恒称帝后，先封老臣宋昌和张武，全凭个人意愿。刘泽倡议迎立刘恒，功劳尤高，刘恒封他为燕王，也是个人意愿作怪。刘恒迟迟不封勇猛功高的刘章和自告奋勇的刘兴居，还是个人意愿作祟。

刘恒登基称帝之后，陈平称病，辞去右丞相一职。陈平智深谋远，跟随刘邦，劳苦功高，突然辞职，刘恒十分纳闷。刘恒相问，陈平坦言相告，说随刘邦打天下时，周勃功劳没他大；诛灭吕氏，周勃功劳高过陈平。陈平之意，欲让周勃为右丞相。刘恒采纳，封周勃为右丞相，陈平为左丞相，灌婴为太尉。

刘恒将城阳郡、济南郡和琅琊郡等归还刘襄，让齐国封地七十城得以圆满。刘襄起兵大闹，声势最响，影响力最强，最终只能复归齐国的地盘，心中老大不爽。刘章和刘兴居等了几年的封赏，刘恒却将赵王送给赵幽王之子刘遂，并封他的儿子刘揖为梁王。刘章和刘兴居冒生命危险，费了九牛二虎之力，大哥刘襄当不了皇帝也就算了，甚至连陈平和周勃许诺的赵王和梁王之位都没了，心中好不郁闷。

苦了几十年的薄姬终于等到儿子成为天子了。薄太后让孝子刘恒再次赏赐诛杀吕氏有功的人，这次封赏多给物质奖励，只有刘揭例外，被封为阳信侯。周勃将此次所获的封赏全部转赠给薄昭。

两年后，即孝文二年（公元前178年），刘章和刘兴居终于等到封赏。刘恒称帝后，知道刘章和刘兴居的本意是迎立刘襄为皇帝。刘肥这三个儿子虽然劳苦功高，但他们都是为自己打算，刘恒心里不高兴。因此只从齐国割两郡给他们兄弟俩，封刘章为城阳王，封刘兴居为济北王。诛杀吕氏，他们三人率先揭竿而起，高竖义旗，最终却是齐国被割，封地狭小，三兄弟满腹怨言。

刘恒称帝几年了，还没立太子，大臣屡屡谏劝。刘恒多次说自己德薄功微，不配册立太子，朝臣又再相劝，刘恒应从，立刘启为太子。刘启很像刘恒，仁爱厚道，孝顺长辈。太子册立，母凭子贵，刘启的母亲窦姬就是皇后，人称窦皇后。后宫定了，朝臣定了，封国定了，刘恒的天下运行顺利，赋税少、徭役少，人民生活自然安定了下来。

宽和仁厚是刘恒的性格，在他治理下，政治清明，刑罚少用，连坐之罪也被废除。

刘恒性格温文，心地善良，体恤百姓，打算大减刑罚，凡有罪行一律从轻发落。一次，他问右丞相周勃朝廷一年断几件案子，周勃答不上；又问一年收入多少钱谷，周勃还是答不上。皇上相问，周勃回答不出，后者顿时骄傲之气全消，汗流浃背。

无奈之下，刘恒只得垂问陈平，陈平回答有专业人士管理，例如断案就要问廷尉，钱谷就要问治粟内史。刘恒说，既然如此，丞相有什么作用。陈平说丞相辅助天子理顺阴阳，调顺四季，下镇扶诸侯，安抚百姓，使百姓生活好，将百官管理好。陈平言人所欲言而不能言，刘恒敬服，不再相问。

　　退朝之后，周勃责备陈平，怪陈平事先不教他。陈平说周勃是右丞相，本该知晓，又说，"如果刘恒问长安有多少盗贼，又怎么回答？"陈平一语，问出周勃好多心中烦恼。周勃顿悟，知道这类问题不能直接回答。倘若不能直接回答，但周勃为人木讷，思维呆滞，口才不好，根本不能回答。

　　经此一事，周勃敬服陈平智慧，甘拜下风。周勃知道难以胜任右丞相一职，让右丞相给陈平，担任左丞相，刘恒欣然允可。

第三章

刘长和刘兴居的反判样本

朱建报恩审食其

刘恒仁厚慈爱，宽政爱民，实行休养生息政策。几年下来，国家日渐强盛，百姓生活逐步殷实。就在国家渐渐强盛，百姓生活开始富裕的这几年，各地侯王和朝臣相继去世。去世的重要人物有楚王刘交、齐王刘襄、丞相陈平、燕王刘泽和城阳王刘章。

当初，刘恒称帝，因恶刘襄三兄弟怀有异心，给勇猛功高的刘章和劳苦疲惫的刘兴居封赏微薄，最后还削割齐国的两座城池，他三兄弟怨言塞胸。实力最大的刘襄走了，豪气干云的刘章也走了，只剩下无用的刘兴居。刘兴居既无用又孤单，成不了大气候。刘恒可以安然躺在大汉江山的舒适怀抱里，垫高枕头，闭目酣睡，不必担心。

在吕雉专权的时候，刘邦的几个儿子相继被诛杀，再经岁月催逼，刘邦只剩两个儿子活在世间：孝文帝刘恒和淮南王刘长。刘长年幼，但生性乖戾，骄横霸道，是个难以管教的孩子。仗恃刘恒对他的喜爱，刚刚登上历史舞台，他就演了一出先斩后奏的大戏，那就是：斩杀审食其。

审食其是吕雉的宠臣，甚至是吕雉的相好。没人出面求情。审食其深陷牢狱，害怕被诛，使人找朱建帮忙。审食其曾经帮助过朱建，朱建欠他一份恩。朱建品行高尚，傲骨自矜，所以必须回报审食其的恩情，争取早日与审食其断离关系。

像陆贾一样，朱建也是楚国人，也同样是辩士，有张利口。起初，朱建是英布的相国，后来犯事被罢免，不久重又担任英布的相国一职。英布造反，朱建劝阻英布，英布不听。英布兵败，刘邦感激他对英布的劝谏，封他为平原君，迁他入长安。刘邦做事有头无尾，迁朱建进长安，却不管他生活，让朱建在长安自生自灭。朱建自负清高，不肯随便结交，长安炊桂爨玉，没多久，朱建就"举家食粥常赊"。

虽然人贱，但审食其知道何为贤人。他见朱建辩才无碍，人品高洁，登门结交。朱建深恶审食其，扫地逐客，关门拒绝。朱建老母亲身死，没钱安葬，朱建找陆贾帮忙。陆贾答应相帮，但不是直接给朱建安葬费，而是间接帮助。

陆贾是辩士，辩士就无处不到，无消息不知。朱建拒绝与审食其交往，他便有心拉拢朱建和审食其。送朱建出门后，陆贾就去对审食其大道恭喜贺喜，说朱建的老母亲仙逝。审食其很纳闷，说朱建的老母亲死了，陆贾怎么到他家贺喜。陆贾说，朱建穷得叮当响，没米下锅，他老母亲死了，急需安葬费；如果审食其及时送钱去帮助，日后审食其有事，朱建必定效死力。

审食其带金携银前往，朱建没拒绝。朱建是君子，君子必孝。为自己，朱建守身如玉，宁折不弯；为母亲，朱建能屈能伸，宁屈不折。徐庶因为老母亲，离刘就曹，被传为佳话。朱建与徐庶，在人格上都很相似。

同是辩士，陆贾门门通、样样吃，只要送到他眼前，他决不拒绝；朱建自负清高，目下无尘，不肯下交，以致穷困落寞。朱建与陆贾的差异，不仅在辩才上，更在人格上。

审食其深陷牢狱，使人找朱建帮忙。朱建说监狱看管紧得很，不敢探监。朱建没去见审食其，去见刘盈的宠臣闳籍孺。他对闳籍孺说:"人人都知道,你是皇帝的宠臣。皇帝欲诛审食其,人人都说是你想杀审食其,进谗之故。审食其是太后的宠臣,如果审食其被杀,太后必然想法子杀你泄恨。如果你在皇帝面前美言几句,审食其被赦,太后高兴,你必有好处。"闳籍孺畏惧吕雉,在刘盈耳旁美言几句,刘盈真的就放了审食其。

都说宠臣害事,果然不错。闳籍孺几句话,刘盈竟然就放了与自己母亲有通奸嫌疑的恶人,真是笑话。审食其出狱后,知道朱建相救,深感大德。

朱建救了审食其一命,他却因此而死。

刘长骄横杀人

之所以叫审食其逃过一劫,全因刘盈不能当机立断。刘长吸取刘盈的教训,当断则断,先斩后奏。

当初刘邦十分痛恨张敖,常常辱骂他。张敖没其他法子,只能卖乖讨好,经常送些东西给刘邦,尤其是美女。刘邦逃出平城,来到代郡,到张敖府上休息,张敖送了位赵美人给刘邦。

刘邦这个好色之徒,一晚上就使赵美人怀孕。可是赵美人一怀孕,他却拍拍屁股走人。刘邦走后,张敖不敢慢待赵美人,也不敢亲近赵美人,在赵王府附近为赵美人搭了间小房。贯高等行刺事发,赵美人也被逮捕入狱。

赵美人告诉狱卒,说她怀有刘邦的孩子。狱卒惊恐,立刻上报。刘邦正在气头上,便坐视不理。赵美人之弟赵兼见事情紧急,去求审食其帮忙,说赵美人怀有龙子,恳求吕雉在刘邦面前美言几句。审食其是个庸人,眼见短浅,只将事情告知吕雉。吕雉痛恶刘邦多情在外,妒恨交加,恨不能将赵美人活剥生吃。

在狱中生下孩子后,赵美人又痛又恨,一头撞墙而死。赵美人撞墙死后,刘邦很后悔,给赵美人的遗孤取名为刘长,交给吕雉抚养。取名为刘长,自然是希望他健健康康地生长,长得牛高马大,雄壮威

周緒產

董廣川

猛。《汉书》记载，"厉王有材力，力扛鼎"，这厉王就指刘长。刘长得确实雄壮威猛，但不是健健康康地生长，而是愤恨塞胸、怒气勃勃地生长，以致性格乖戾暴躁。

长在宫廷的刘长自然天天见到审食其和吕雉的暧昧交往，日日见到审食其那张惹人切齿生恨的马脸。刘长认为，他母亲之死，全因审食其不肯在吕雉耳畔美言劝谏，将一腔怨恨倾倒在审食其身上。仇人相视，分外眼红。刘长年幼，他稚嫩的胸腔容不住仇恨，但又不能斩杀审食其以泄恨。

刘邦杀了英布后，封刘长为淮南王。吕氏家族掌权期间，刘长命悬人手，没机会报仇。刘恒称帝后，刘长认为他是刘恒最亲的人，因此骄纵之气日生，变得目空一切，不可一世。

刘恒仁爱，他怜惜刘长身世之惨，遭遇之悲，因此对刘长非常宠爱。刘长犯错，不守国家法令，刘恒视而不见，于是刘长越发骄横。

袁盎曾规劝刘恒对刘长严加管教，刘恒不听。

公元前177年，即文帝三年，刘长进京上朝拜。刘恒带领刘长去打猎，让刘长同坐帝辇。刘长近亲情，讲血缘，开口闭口都称刘恒为"大哥哥"，同刘恒关系极近，连同薄姬在内，人人都对他三分敬畏七分忌惮。

打猎回来，刘长径直去审食其府。审食其急忙出迎，刘长一不说话，二不问罪，掏出袖子里的金椎，一椎就刺死审食其。刘邦进入关中时，曾与民誓约："杀人者，死"，因此刘长命随同捆绑自己，前去向刘恒请罪伏诛。面对袒胸露背的刘长，刘恒心下恻然，不知如何是好。

刘长说，他杀审食其的理由有三条：第一，他母亲因张敖之事被捕入狱，作为吕雉的宠臣，审食其没有极力善言相劝，致使他母亲屈死狱中，审食其犯不谏之罪；第二，刘邦的宠妾爱子，刘如意母子身遭摧残，无辜被杀，审食其不谏，坐视不理，又犯不谏之罪；第三，吕雉擅权，吕氏作威作福，危及刘氏，审食其不谏，又犯不谏之罪。作为宠臣，在吕雉擅权期间，审食其不仅犯不谏之罪，还犯了为虎作伥之罪。

见刘恒面露宽缓之色，刘长知道"大哥哥"心有赦免之意，立刻大声说："我替天下人诛杀贼子，为母亲报仇，天经地义。"

心软的刘恒同情刘长的遭遇，怜惜他的用心，顾念他是唯一存活的弟弟，便赦免了他的罪，放他回淮南。

刘长因个人喜恶诛人，此举有违法令，但他毕竟做了一件人人想做而不能做或不敢做的事。唐人高适写了首诗《辟阳城》，旨在言明审食其之恶：

荒城在高岸，凌眺俯清淇。传道汉天子，而封审食其。

奸淫且不戮，茅土孰云宜。何得英雄主，返令儿女欺。

母仪良已失，臣节岂如斯。太息一朝事，乃令人所嗤。

刘兴居兵败自杀

刘兴居三兄弟，继承了父亲刘肥富庶的七十城，加上刘襄的野心、刘章的勇猛和他本人的任劳任怨，原本可以轰轰烈烈地大干一场，身居高位，扬名后世。然而，时乖命蹇，偏逢吕氏家族专权擅势，自己又被迁入长安，封为东牟侯，受人钳制。

在酒宴上挑战吕雉，最后诛杀吕产，刘章令刘兴居好生敬慕。他兄弟二人在长安起事，让刘襄领兵西进，共同诛杀吕氏，准备夺取皇位。然而，刘章勇猛过头，一举铲除了吕禄和吕产，致使长安燃不起战火。长安没有战乱，刘襄就没有进兵理由，只能悻悻然领兵回国。

援兵撤走，他兄弟二人势力大削，被周勃等人玩弄于股掌。首先，刘襄的皇位被刘泽等人几句恶言挤入死胡同，这是一大恨事；其次，周勃允诺的赵王和梁王都被刘恒不知好歹地分给刘遂和刘揖，这又是一大恨事；最后，干等了两年，刘恒竟然削割齐国的一郡给他，封为济北王，这又是一大恨事。

人生不能等待，恨事就如黑白无常，专催人命。三大恨事来过后，势力最大的刘襄仙逝，紧跟着，勇猛无敌的刘章驾鹤西追刘襄去了，留下他茕茕孑立。刘恒视他为棋子，他却不愿意当棋子，而是想要整个棋盘。

刘兴居不信命，他只信自己。吕氏家族势力何等之大，手段何等毒辣，他三兄弟都能外攻内扰，一举铲除。刘兴居生活在往昔的辉煌里，他相信逝去的神话终会再现。刘襄死了，刘章也死了，刘兴居很后悔，他本该早点起事。两位兄弟的去世对他影响很大，他不能再等了，他要起兵造反。

文帝三年（公元前177年），北方的烽火点燃了刘兴居造反的大旗。匈奴人长期休息，手痒了，右贤王南下侵扰上郡（今陕西延安），边疆告急。刘恒命灌婴领军八万五千，火速赶往。刘恒亲自前往督军，犒劳军士。

此时的灌婴，既是太尉又是丞相，他身兼两职，显贵得紧。刘恒派这么重要的一位人物出征，只有一个目的：大扬神威。

自大汉建立，匈奴欺汉朝无人，屡屡犯边，汉朝百姓吞这口恶气忍了很久，都想反报。先是刘邦被围受辱，接着就是循环往复的和亲之辱，仁厚的刘恒受不了此等大辱，此次出征必报仇雪辱不可。

因为刘恒、灌婴征战在外，刘兴居觉得汉军和匈奴会打得难分难解，无法掉头护卫长安。汉军刚出长安，刘兴居即刻起兵，欲取荥阳。荥阳是通往长安的要地，刘兴居志向不小。然而，右贤王在边疆打砸抢杀一阵，见汉军兵至，如风卷残云般撤军北归。竖功扬名的机会飞了，刘恒好生失望。

大军调动，虽未交战，既然匈奴撤军，汉军就说得上是胜利而归。来到太原的刘恒，论功封赏群臣。无论是否战斗，只要大军调动，胜利而回，封赏总是要有的，否则皇帝就不称职。刘恒会当好皇帝，一大秘诀就是常常封赏。君王想要朝臣以忠臣之行对待他，他就要以为君之礼对待朝臣。刘恒当皇帝，一句话，以礼对礼，朝臣效命。

身在太原的刘恒，得到刘兴居起兵造反的奏报，说他欲取荥阳。刘恒拔出利剑，匈奴跑了，剑还没入鞘，刘兴居既然造反，剑刃必然削向刘兴居。刘兴居因封赏少恨刘恒，刘恒更因他三兄弟欲夺皇位而恨他三兄弟。三个死了两个，刘恒就做回好人，送刘兴居一程。

刘恒命灌婴领兵回长安，守卫皇宫；另派一支军驻守荥阳，阻遏叛军前进；最后遣柴武领军十万，直取刘兴居。刘恒只想杀匈奴，不想杀刘兴居，因为杀匈奴能立功扬名，杀刘兴居不免留下骂名。刘恒回到长安，当即布告天下：

刘兴居背德叛上，罪不容诛。济北国百姓，不论是谁，诛杀叛军有赏；曾随刘兴居起兵造反的，只要迷途知返，照赦不误。倘若怙恶不悛，大军到后，攻破城池，玉石俱焚。

布告一下，叛军当即瓦解，刘兴居自杀身亡。这是刘恒的心理战术。

刘兴居错了，他不知道刘恒统治下的天下与吕氏家族时期的天下不同。吕氏家族弄得天怒人怨，人人反对；刘恒广施德政，朝野称颂，无人有二心、怀异志。刘兴居造反，不是因为刘恒对他太薄，而是因为他仍然活在吕氏时代。

第四章

王朝不稳,文人难封

洛阳才子天下一绝

唐人刘长卿作了首七律，名叫《长沙过贾谊宅》，既表达对贾谊遭遇的同情，也表达对自身遭遇的怜惜：

三年谪宦此栖迟，万古惟留楚客悲。

秋草独寻人去后，寒林空见日斜时。

汉文有道恩犹薄，湘水无情吊岂知。

寂寂江山摇落处，怜君何事到天涯。

贾谊是洛阳人。洛阳牡丹天下一绝，洛阳才子也是天下一绝，贾谊是杰出代表。在汉文帝年间，贾谊是才中魁首、文中牡丹。两千多年后的今天，贾谊还是才中大才、文中豪文。后人如此推许贾谊，除了他才高外，他的遭遇也是一大原因。贾谊的遭遇，是大才子遭遇的缩影。

年方十八的贾谊就以背诵《诗》《书》，撰写文章而闻名洛阳，《过秦论》无人不知。河南郡守吴公听说贾谊才高，招贾谊于门下，对贾谊宠爱有加。贾谊在吴公处过了几年大展才华的好日子；然而，天才的日子注定越过越难，除非天才退化为庸才。

光大汉室，造福于民，这是刘恒发下的宏愿。刚登基，刘恒听说河南政治清明，百姓富足，于是提拔吴公为廷尉。吴公惜才爱才，举荐贾谊，刘恒便封贾谊为博士。

于是，贾谊二十出头便进入了朝廷。此后，每当议论朝中事务，别人总是默不作声，贾谊却滔滔不绝。贾谊的每一句话都针锋刺骨，常常道出朝臣们想说却又说不出的意见，其中包括木讷的周勃，有勇无谋的灌婴。贾谊才高如此，刘恒极为赏识，一年多后，破格将他提为太中大夫。

被破格提拔后，贾谊很高兴，默默立志要展现自己的才华。起初，贾谊只是在朝廷上议论政治，现在，他想要做实事，改革内政。贾谊认为，大汉建都已经二十多年，这二十多年政通人和，局势稳定，是时候创造自己的风格了。

贾谊通晓《诗》《书》，对朝臣服饰、礼乐等儒家的那一套都懂。贾谊根据"五德之运"，推算拟定：汉朝应该崇尚黄色，数字用五，官员的称谓都得依此更改。

改动一人事小，简单易行，要改动整个国家，就不单单是繁琐无比，耗资也颇大。刘恒是个节俭的人，他连皇宫诸人的衣服都舍不得更换，自然不愿意费心更改这些无关紧要的东西。所以，刘恒没通过贾谊的提议。刘恒节俭，的确是好事，但他对百姓的好只是小恩小惠，他并没有将这种好延长、扩大，在这件事上，他显然没有长远地看待。

这个建议不行，贾谊又提了一个——更改国家法令，让列侯们回封国养老。老臣回封地，能削减长安开支，又能驱逐不喜欢的功臣，刘恒何乐而不为？于是，刘恒让周勃带头回封国。

回封地养老就等于退休，汉朝没有这个规矩。贾谊被破格提拔，老臣们本已愤愤不平，现在贾谊又想驱逐他们，怎能咽下这口气。周勃、灌婴、冯敬等老臣预谋伺机报复。

贾谊改革内政，精明能干，刘恒想提拔贾谊位列公卿，此时贾谊二十六岁。公卿是三公九卿的简称，三公指丞相、太尉、御史大夫，九卿指太常、光禄勋、卫尉、太仆、廷尉、太鸿胪、宗正、大司农、少府。公卿食禄二千石,是汉朝高官。老臣们听此追封,个个心生怨恨。于是周勃、灌婴等老臣联名上书:"这个洛阳小子,不知天高地厚,专欲擅权,只会坏事。"吕雉擅权的凄厉回声还飘荡在大汉朝堂,一提擅权,刘氏子弟无人不惊,何况是文弱的刘恒。

刘恒知道擅权之祸,也害怕。自此,刘恒日渐疏远贾谊,最后左迁贾谊为长沙王太傅。

刘恒没有开疆扩土的雄心壮志,只求守好祖上基业,让天下百姓温饱。贾谊在刘恒的政治生涯中,是个可有可无的人。所以,见周勃等老臣反对甚烈,他就选择牺牲文人贾谊,以稳朝纲。

自古官场风云"只见新人笑,不闻旧人哭",贾谊由中央贬到地方,大才难用,壮志难酬,心如死灰,最后郁郁而终。

怒助匈奴

文帝六年（公元前174年），长安的桃花、李花竟然在十月绽放。古人相信，天现异相，必有大事。接着，骄横乖戾的淮南王刘长造反，死在贬谪途中，刘恒悲痛伤怀。刘长绝食而死的伤心事还耿耿于怀，冒顿突然写了封信给刘恒：

前几年我匈奴右贤王侵犯贵境，致使两家突生嫌隙，很是不该。为了表示对右贤王的惩罚，我命他攻打月氏。天赐福，右贤王灭了月氏后，楼兰、乌孙等二十六国都归附匈奴，北方已被平定，全在我的掌控之中。匈奴希望和大汉再次和好。

稍有政治常识的人都知道，冒顿这封信表面要求交好，实质是威胁。他平定北方，势力大增，可能效仿南越王，突然在北方称帝。他这封简简单单的信，确实棘手，刘恒招朝臣商议对策。此时的大汉朝廷，真是朝中无人，军中无将，全体同意和亲。

天不遂人愿，汉朝的老故交冒顿接到刘恒的和亲书信不久，寿终正寝。冒顿死后，他的儿子稽粥继位，号曰老上单于。在关键时刻，冒顿走了，以前的努力都白干了，一切都得重来。新单于继位，汉朝要遣送一名和亲女子。

刘恒忙选翁主，翁主指远嫁匈奴的刘氏宗亲女儿。选好翁主，也选了名陪嫁品,这陪嫁品就是中行说。中行说不想去,被迫而行,他走时留下一句话:必我也,为汉患者。中行说的意思是,如果一定要我去,我必定作乱。

中行说说得出、做得到。刚到匈奴,中行说立刻投降老上单于。中行说头脑灵活,也会说话,将汉朝的一切详详细细地告知单于。匈奴人对中原地区的了解不深,颇有畏惧之心,中行说自陈家底,告诉单于大汉朝中无人,军中无将,和亲之弊,逐渐得到了单于的偏爱。

当初娄敬提议和亲,说汉朝公主嫁给匈奴,能够说几句好话,使两家和好。还说没有女婿欺负丈母娘、外孙殴打外公的道理。娄敬一定没想到,中行说成了汉朝的奸细。中行说大肆鼓吹匈奴人脱离汉人物品,摆脱汉人思维,做真正的匈奴人。中行说此举,很像外国侵略者以经济手段入侵时,有识有智之士发出的救亡口号:提倡国货,反对西货。

匈奴人喜欢吃汉人的絮食物,如米饭、馒头等口感细嫩的物品,中行说教导说:"匈奴人还没有汉朝一郡的人多,匈奴之所以强悍,胜过汉人,全因衣食不同。匈奴人所吃的能强身健体,汉人吃的只会使人萎靡不振。如果匈奴人贪图汉食口感好,全都喜好汉物,最终依赖汉物,汉朝只出十分之二的财物就能使匈奴人归附。汉人的衣服容易破,没有毡毯皮袍好;汉人的食物吃不饱,没有肉食充饥。"匈奴人觉得中行说之言有理,放弃渐渐喜爱的汉物。

匈奴人不会计数,中行说教匈奴人计数。中行说尽心尽力,倡导匈奴人不要用汉货,以免根深蒂固地依赖汉人。他伶牙俐齿,深得匈奴人喜欢,渐渐改变匈奴人的想法和行为,并且他还继续改变。

汉朝送给匈奴的所有东西,中行说让单于全部反送给汉朝,只将书简放大一倍,改"皇帝敬问匈奴大单于无恙"为"天地所生日月所置匈奴大单于敬问汉皇帝无恙"。

中行说一方面劝教匈奴人,力使匈奴人成为真正的匈奴人;另一方面，同大汉使者辩论，灭汉人之气，扬匈奴威风。汉使者说匈奴人轻贱老弱，中行说反驳说，如果汉军出征，也会有老人送食给年轻的孩子，这和匈奴的惯例没本质区别。汉使说匈奴人子娶父亲的姬妾等行为不合礼法，中行说反驳说那是为了延续宗族后代。

中行说才思敏捷，无论汉使怎么说，他都能反驳，指出匈奴人行事的好处，贬低汉人行为。汉使还想再说，中行说威胁说："你将汉朝送的礼物给足量，否则大军南下，汉人危险。"

文帝十一年（公元前169年），匈奴在汉朝边境抢劫。

晁错纵横论治安

继贾谊之后，大汉又有一位能人横空出世，他就是晁错。贾谊是刘恒的智囊，晁错是太子刘启的智囊。他两父子都好智囊，但两位智囊都因他父子而死。"文景之治"如一园子的鲜花，贾谊和晁错就如两株参天大树。这两株大树粗壮挺拔，一株招展儒家风范，正气浩然；另一株延续法家刚正，凛不可犯。

晁错是颍川（今河南禹县）人，为人严峻、刚直、苛刻。一句话，他有法家代表所要求的品行。他曾经在张恢门下学习申不害和商鞅的思想，文章博学，任太常掌故。

秦始皇焚书坑儒后，《尚书》之学将近灭绝。齐国有个名叫伏生的人通晓《尚书》，伏生年出九十，不可征召，朝廷派晁错前往学习。晁错学成归来，满嘴《尚书》，就如贾谊满口《诗》《书》，被升为太子舍人，封博士。晁错和贾谊才学相仿，履历相似，只是所学不同，一个崇尚儒学，一个信奉法家。

晁错急流勇进，上书要求太子学习术数。术数指治国方略和统治手段，多数皇帝将其偏激化，歪曲为南面之术，后发展成官场厚黑学，世人痛恶术数一词。刘恒见晁错才气蓬勃，封他为太子的属官。刘启品行很像刘恒，智识不及晁错，总在辩论上输给晁错。晁错才胜太子，人人敬服，被誉为智囊。

老上单于听信中行说，不时派军侵扰汉朝边疆。晁错上书陈述对策，此疏被称为《言兵事疏》。晁错的策论学得好，贾谊死后，晁错就是第一。晁错言事，见解深刻，思想精简，满纸刚正威猛之气。相较而言，晁错的理性发展得好，贾谊以感性分析见长。

晁错指出，自汉朝以来，匈奴"小入则小利，大入则大利"，致使民不聊生。民不堪命，不能怪百姓无用，因为"'有必胜之将，无必胜之民'"。晁错从地形、兵将和兵器三方面分析汉朝和匈奴的同异，指出"以蛮夷攻蛮夷"之策，要求培养一支和匈奴的作战习性相同的军队。晁错此论，很像中行说对匈奴人的劝说，都指出生活习性对人的影响。

"以蛮夷攻蛮夷"之策，刘恒开始着手培养一支锋锐的军队。十年树木、百年树人，军中大将在急切间难以培育。"有必胜之将，无必胜之民"，自大汉建立，朝廷都没出现一位像蒙恬一样的必胜之将。大将一日不出现，汉朝消除匈奴威胁的瓶颈就突破不了。

"以蛮夷攻蛮夷"和募民实边一旦形成气候，匈奴就无法肆意侵扰边境，晁错的分析可谓鞭辟入里。汉朝训练军队，募民实边，匈奴人很害怕，急欲破坏。这两条政策实施没多久，文帝十四年（公元前166年），单于率十四万大军从朝那萧关（今宁夏固原东南）到彭阳（今甘肃镇原东），一路侵掠，打砸抢毁，杀北地都尉，火烧回中宫（今陕西陇县西），骁骑直逼甘泉（今陕西淳化西北）。

甘泉与长安的直线距离约八十公里，轻骑一天可到，长安告急。朝臣心慌，刘恒指挥淡定，不失黄老风范。面对一帮无用的朝臣，疲弱的军队，也只有刘恒这种仁厚且淡然的君主能够忍受。倘若是暴躁的刘邦，不知要砍掉多少人的头。存在就是合理的，即使不合理，存在也会慢慢合理化。刘恒让百姓休养生息，也抽离朝廷的阳刚之气，将朝臣文弱化。

匈奴此次来势不小，刘恒命中尉周舍和郎中令张武领战车千乘、骑兵十万守在长安城外；封昌侯卢卿为上郡将军；宁侯魏速为北地将军；隆虑侯周灶为陇西将军；东阳侯张相如为大将军；任成侯董赤为将军，领兵迎击匈奴。

汉军大出动，匈奴没逃跑，两军相交一个多月。经历千难万苦，汉军才将匈奴驱逐出塞。汉军虽然赢了，斩杀匈奴却很少。这是一场疲弱的、消耗生力军、考验供给的战争。一场战争打下来，两军各有损伤。这场战争将两军的弱点暴露无遗，匈奴兵少，汉军无将。冒顿曾经率领三十万进军平城，老上单于率领十四万南下，匈奴兵越来越少。

单于见汉军无将，日益骄横，扬长避短，集中优势兵力打游击战，什么时候想杀入就杀入，致使百姓死伤无数，云中和辽东两地最为惨重。正如晁错所说："有必胜之将，无必胜之民。"

此次驱逐匈奴，刘恒虽然调出很多将军，但没有一员猛将。他是位仁爱的皇帝，在他心中，战争是罪恶，他只想与匈奴和和气气地交往下去。他不明白战争，更不理解侵略，他只求百姓能生活好。刘恒如此，晁错与他背道而驰，君臣异路也就预示着晁错官场之路难以青云直上。

周亚夫立威细柳营

文帝后元二年（公元前 162 年），刘恒遣使者到匈奴再提和亲一事。匈奴同意和亲，汉朝每年照旧送礼物给匈奴。文帝后元三年（公元前 161 年），老上单于死了，军臣单于继位。中行说紧抓良机，再次唆使匈奴。

军臣单于像他父亲一样听信中行说，公元前 158 年，经三年准备，军臣单于领兵六万，大举南下。匈奴兵分两路，一路直取上郡，另一路攻杀云中郡。匈奴兵一路抢掠，势不可当，长安再次告急。军臣单于准备很充分，两支军队锋锐异常，势如破竹，长安如遭地震。刘恒人到晚年，就因一个中行说，匈奴就来两次大扫荡，真令人头疼。

汉朝分两头部署，先在北地、句注和飞狐口（今河北蔚县东南）三地屯军，作为第一道屏障；派河内太守周亚夫驻守细柳，祝兹侯徐属驻守棘门，刘礼驻军灞上，三个驻军点攻守相助，全面抵御匈奴。汉朝此次布军，调用的将军没有上次多，但调出了一位大将。这位大将，只用他一将能胜十将。

匈奴军又稳又紧，如李广的弦上之箭，其势欲发。汉朝急急调兵遣将，忙得满头大汗。军中无大将，刘恒亲往灞上、棘门和细柳三地犒劳军士。刘邦年老仍旧四处征讨，他的儿子年老了也同样四处犒劳军士，可见大汉初建，力量不足以骇人。大汉如个孩子，正在长身体，还未成年，没有力量。

刘恒到灞上和棘门时，兵将们热烈欢迎，气氛非常活跃，犹如小孩子玩游戏，刘恒的随同很高兴。刘恒和随行人员想干什么就干什么，想到哪里就到哪里，随意而为，毫无阻碍。行到细柳，守门军士竟然阻挠，不让进入。皇帝御驾犒劳，军士堵门，这不是造反吗？犒劳人员脸有忧色。

驻守细柳的将军是周亚夫，周勃的次子。周勃死后，长子周胜之继承侯爵。然而，周胜之和公主关系不好，不久又杀人，爵位被削。周亚夫军营不让皇帝进入，刘恒的随同人员都怀疑周亚夫怨恨刘恒，欲造反报仇。刘恒的随同人员想到此处，见细柳营军威凛凛，不似灞上和棘门，不禁心里害怕。

这个军营就由周亚夫管理。刘恒的先遣使臣被挡在军营外，先遣使臣说天子来了，守门军士笔挺而立，威严地回说："军中只知道有将军的命令，不接受天子的诏令。"刘恒来到，只见兵将肩披铠甲，身佩兵器，持弓搭箭，军容甚是威武，凛凛生风。刘恒派人持节前去告知周亚夫，说皇上过来犒军，周亚夫才命人打开军门。刘恒一行欲策马而入，守门军士立即说："将军规定，军中不能骑马奔驰。"军士各守其位，肃然而立，甚是严整。刘恒按辔徐走，眼睛不离石像般的军士。周亚夫迎见刘恒，只作揖，不跪拜，说："穿甲戴盔，不便下跪，以军礼代替。"刘恒当即换上严肃的面容，俯身凭轼，以表敬意。

当刘恒走出军营，众随从都为周亚夫捏了把汗。刘恒出营，展眼四眺，仿佛在看大汉的明天，欣然说："哎哟，这才是真正的将军！灞上、棘门就像儿戏，他们的将军不被俘虏才怪。像周亚夫这样的将军，有谁能够侵犯！"巡视周亚夫的军营后，刘恒才知道什么是将军，什么是军队，就像刘邦看了叔孙通的朝礼后，才知道皇位之尊贵。

汉朝大举发兵，密布兵将，气势吓人。待汉军靠近边塞，匈奴又引兵远去。匈奴地寡人少，从军队数量来看，势力一年不如一年。大汉地广人多，经几年恢复，人才开始涌现，如贾谊、晁错和周亚夫等人。胳膊扭不过大腿，就长远而言，屈辱的和亲政策不会持续。

匈奴兵远去后，接着刘恒也死了。刘恒第一次见到真正的将军，他却没能看到将军立功，可悲！刘恒一生，撞上贾谊这位大才子，却不知重用，致使贾谊郁郁而死，愁苦而终，可悲！总结刘恒一生，他对百姓有恩，但没功。他是大汉朝廷的恩人，但不是功人。刘恒是位文弱的皇帝，很仁厚。

文帝后元七年（公元前157年）六月，刘恒薨。

刘恒留下遗言：关于丧事，一切从俭，不要浪费；关于后世，去找周亚夫。刘恒留武将周亚夫给刘启，刘启还有智囊晁错，一武一文，刘启将开启他的时代。

第五章

平定七国之乱

刘启登基后的第一把火

大汉这些年风调雨顺，百姓安康，朝中无党派，权力交接很顺利。六月九日，太子刘启登基，尊皇太后薄氏为太皇太后，太子妃为皇后。皇后无子，太子位暂缺。因为太子暂缺，皇宫又有一场好闹。

新皇登基，大赦天下。晁错是刘启的智囊，所以刘启的时代就是晁错的时代。贾谊命不好，遇上一位不想有所作为的皇帝。就施展才华这个层次而言，晁错比贾谊幸运，他遇上一位敢想敢干的皇帝。刘启和刘恒有很多相似之处，如宽政爱民，信奉黄老之学等，但刘启比刘恒更想有所作为，这是他两父子的一大区别。

刘恒减重刑为轻刑，刘启又再减轻。"文景之治"年间，刑罚少用。与秦朝暴政相比，百姓的生活好多了。刘恒不想死人，更不想看见别人贫死，但邓通非贫死不可。如邓通不贫死，难消刘启心头之恨，吮痈之辱。

安排刘恒下葬，封赏朝臣，大赦天下……一切安排妥当，刘启登基后的第一把火便烧向了邓通。刘启还是太子时，就吃了邓通的一次哑巴亏。现在刘启当皇帝了，天下他最大，邓通该还债了。邓通这人只会装孙子拍马屁，毫无见识。

为了讨好老子，得罪儿子，这么蠢笨的事，只有邓通这种命中注定贫死的人才会干。自古以来，没有能力却受宠幸的人都难善终，邓通就是其中的一个。刘恒送邓通铜矿铸钱，邓通的"邓钱"驰誉天下，与吴王刘濞的"吴钱"并驾齐驱，按理说他不会贫死。然而，邓通为讨好刘恒，得罪刘启。刘恒死后，刘启就是天下最大。邓通一无所能，刘启想弄死他简直易如反掌。刘启为何非要置邓通于死地是有原因的。

过去刘恒很宠幸邓通，邓通对刘恒也是忠心耿耿，二人暧昧不已。刘恒曾经生痈疽病，伤口专流脓血，脓血非常恶心，恶臭难闻。为了表示对刘恒的忠心，邓通天天给刘恒吸吮。邓通甘愿为刘恒吸吮溃烂处的脓血，贾谊一定不愿意，这就是人与人的区别。邓通用心吸吮，刘恒自然感激，心里过意不去，问天下谁最敬爱他。

刘恒如此问，多半是感激邓通如此相待，想借邓通之口说出邓通是天下最怜惜他的人。语言都表达同一个意思，从不同的口中说出，意思却大大不同。邓通对刘恒说"我敬爱你"与刘恒对邓通说"你最是怜惜我"，效果判若云泥。

专事讨好的人，都有点乖觉。邓通明白刘恒的意思，但他不敢直接回应，如果他说最敬爱刘恒的是自己，刘恒也许高兴，但太子刘启一定不高兴；如果他回答是太子，刘恒也许不高兴，但太子一定高兴。刘恒命不久矣可以得罪，刘启是未来的皇帝，不能得罪。刘恒随口一问，就将邓通挤进了夹缝，真是伴君如伴虎。

邓通于是回答说："自然是太子。"

邓通回说太子最爱刘恒，刘恒又高兴又失落，一颗心七上八下，他脸色略显嗔怪之意，殊不知邓通这一句话，可是用心盘算，费了颇大的艰难才说出。

不过，邓通算计得多，却未能得到刘启的心。刘恒生了脓疮，作为儿子的太子刘启本应该为父亲吮吸脓血。可是脓血流淌，恶臭难闻，太子面有难色，但为了皇位还是很恶心地吸吮了。刘启锦衣玉食，平生没受一丁点折辱，吸吮脓血是人生第一大辱，如何不恨。太子派人打听，知道邓通经常给刘恒吸吮。邓通专以现丑讨好，卖乖讨爱，刘启认定此事是邓通搞鬼，从此心恨邓通。邓通越想讨好刘启，刘启越不买账，最后晚景凄凉！

　　刘恒死后，刘启继位。邓通身无长物，被免官后居家造钱。后来，有人告邓通将私自筑造的钱运到国界外。朝廷马上逮捕邓通入狱，立案审查，罪证确凿，依据法律，没收邓通的全部家产后，邓通还欠朝廷几百万。从此邓通的好日子彻底结束了。长公主很好心，赐钱给邓通。长公主刚赐，朝廷马上没收，邓通还是一贫如洗。不能赏钱，长公主就借衣食给邓通。刘启不为已甚，任长公主接济邓通。邓通靠长公主的衣食维系生命，"穷"度晚年，至死不名一文，"寄死人家"。

　　这"寄死人家"就是死在人家的意思。邓通住的房子也是别人的，他死时也就是"寄死人家"。

窦婴与晁错

窦婴喜好宾客，慷慨布施，行侠仗义，爱好儒术。窦婴的品行，一点都不像窦长君和窦少君，他孔武有力，骄横，果敢。

先帝刘恒在位时，窦婴是吴王刘濞的相国。刘恒允许民间铸钱，刘濞广招匪徒，开山铸钱，煮海为盐，很富有。窦婴担任相国，那是很肥的职位。没干多久，窦婴称病退休。

刘启登基称帝，窦婴掌管皇后和太子宫中事务。皇后无子，太子之位暂缺，太子宫中无事需要管理，窦婴将全副精力放在皇太后和皇后宫中。窦婴勇猛果敢，窦太后沉稳凝重，这侄子和阿姨的性格不合拍。性格不合拍，偏又相处，不免产生小矛盾。彼此的小矛盾太多了，日渐发展，就会酿成大矛盾。

早年辛苦，后来幸福，所以窦太后很喜爱小儿子梁王刘武。俗语说，父亲爱长子，母亲爱幺儿。刘武的封地有四十多城，每座城池都很富有，就如当年齐国的七十城。窦太后喜爱刘武，刘启也喜爱，任他随意建造宫殿。中国古代规矩，皇帝的宫殿最富最大，诸侯王若想建造宫殿，必须符合等级。

按汉朝规矩，诸侯王来朝，只能留十多天。窦太后和刘启喜欢刘武，刘武每年来朝，在长安行动自如，随意逗留，随时离去。刘武来朝，刘启出城迎接，刘武与刘启同辇共乘，一同打猎。刘启对刘武的喜爱，就如当年刘恒对刘长的喜爱。不是冤家不聚头，没有缘分不成父子。刘恒父子，不只有缘，还很相似。

刘启没有太子，刘武被准许使用太子仪仗。做事的人无心，看见的人却有意。也许刘启没将刘武使用太子仪仗之事放在心上，窦太后却看得很欣慰，窦太后想让刘武继承帝位，一心促成。

景帝三年（公元前154年），朝觐期间，刘启宴请众兄弟。喝得酒酣耳热，刘启说他死后传位给刘武。窦太后听后，十分高兴，仿佛就是她自己将当皇帝一般。窦太后正在兴头上，一心乐融融，窦婴突然倒一盆冷水淋在她头顶。窦婴站起来，敬刘启一杯酒，说："天下是高祖皇帝的天下，父子相传是惯例，这皇位不能传给梁王刘武。"窦婴和窦太后是一家人，他阻碍刘武，窦太后很想不通。窦婴和窦太后之间本就存有嫌隙，这次连脸皮都撕破了。

太子之位是宝贝，但也是块烫手的山芋。

尽管窦婴是侄子，但好事被坏，窦太后从此记恨窦婴。窦太后记恨窦婴，脸色难看；窦婴以现任官职卑小为由，称病辞职。窦婴辞职，正合窦太后心意。窦太后一不做二不休，索性做得干净利落，除了窦婴门籍，不许朝见皇帝。窦婴走人，刘武继承帝位就少了一大阻力，窦太后想得倒是简单。

眼见窦婴要完蛋，却突然跳出来一位救星——晁错。短短几年，这位心雄志远的中大夫就写了《言兵事疏》《守边劝农疏》《募边实塞疏》和《举贤良对策》等书。

刘启登基后，智囊晁错一飞升天，由中大夫升为内史。晁错如日当空，光芒耀眼，红得发紫。为施展大才，他一不做二不休，径直气死当朝丞相申屠嘉。

申屠嘉是梁人，曾跟随刘邦，因资格老被提拔为丞相。他先是队率，后升关内侯，接着迁升御史大夫。他清廉正直，不接私客，然而却有点妒忌心。他刚担任丞相,很看不惯邓通的言行举止。一次,他找了个机会,欲斩邓通,可关键时刻被刘恒派使者持节救走了。

没想到的是,才时隔五年,又冒出一个极度让他不顺眼的人,这个人,就是刘启身边的红人晁错。晁错担任内史,因为受皇帝宠爱,地位很高,权力也很大,许多法令制度他都奏请皇帝变更。同时还讨论如何用贬谪处罚的方式来削弱诸侯的权力。而丞相申屠嘉也有感于自己所说的话不被采用,因此忌恨晁错。晁错担任内史,内史府的大门本来是由东边通出宫外的,使他进出有许多不便,这样,他就自作主张凿一道墙门向南通出。而向南出的门所凿开的墙,正是太上皇宗庙的外墙。申屠嘉听说之后,就想借晁错擅自凿开宗庙围墙为门这一理由,把他治罪法办,奏请皇上杀掉他。但是晁错门客当中有人把这件事告诉了他。晁错非常害怕,连夜跑到宫中,拜见皇上,向景帝自首,说明情况。到了第二天早朝的时候,丞相申屠嘉奏请诛杀内史晁错。景帝说道:"晁错所凿的墙并不是真正的宗庙墙,而是宗庙的外围短墙,所以才有其他官员住在里面;况且这又是我让他这样做的,晁错并没有什么罪过。"

没杀成晁错,还在群臣面前赔礼,申屠嘉悲愤异常。他对长史说:"我应该先斩后奏,先报告再斩,一定误事。"因他迟迟不落刀,邓通被刘恒救走,申屠嘉不吸取教训,气死活该。申屠嘉回府,越想越气,最终发病而死。晁错逃过一劫,群臣敬仰,身份越发显贵。申屠嘉死后,晁错独当一面,又提削藩一事。晁错此人比较激进,他削藩不同于贾谊的软削,他的作风比较强硬,开始查找诸侯王的过错,借惩过之名,中央直接收回诸侯王的封地。贾谊建议以分封的方式削藩,晁错以强夺的方式削藩。相比而言,一为保守,一为激进。然而,晁错却恰恰遂了刘启的心。

得到刘启器重,公卿列侯们不敢反对晁错削藩。不过,窦婴却站出来坚决反对削藩。满朝文武都唯唯诺诺,无一人响应,窦婴孤掌难鸣。可是，刘启已经同意削藩，窦婴的声音无论多么高亢都要被踩在脚底。因为削藩，窦婴和晁错有了嫌隙。而此时，刘启下诏削藩，削藩行动正式开始了。

此时此刻诸侯收到消息，纷嚷喧哗，顷刻间天下骚动。

吴王刘濞

年仅二十的刘濞大败英布军，勇猛彪悍，令刘邦刮目相看。英布被诛后，刘邦担心无人能镇压强横的会稽百姓，见刘濞勇猛，封为吴王，吴国五十多座城归他。刘濞是有能力的人，即使给他一块北方的盐碱地，他也能变出金子，何况吴国有得天独厚的地理条件。

封赏、授印完毕，刘邦给刘濞看了个相。发现刘濞有反相，摸着刘濞的背，说："大汉五十年后，东南方向有叛乱，是你吗？我们是一家人，千万不能反！"

刘邦看相，一定是史书乱吹。可能他见刘濞过于勇猛担心他不愿活在池中，生在地下，而欲飞天，因此这么说。刘氏子弟中，刘濞既勇猛，又有计谋，吴国条件优越，很容易发展壮大。作为分封国，一旦壮大就起事，刘邦见得多了，所以才善言警戒刘濞。那时刘濞力量很小，听了刘邦的话，哪能不急忙回说不敢。

吴国铜矿丰富，临近大海，借朝廷允许铸钱之机，刘濞广纳天下亡命之徒，开矿铸钱，煮海为盐。仅凭铸钱和煮盐两项，吴国顿时暴富，百姓的钱用不完。上文曾提到，说"邓钱"和"吴钱"通行天下，"吴钱"就指吴王刘濞铸的钱。

吴国暴富，百姓不用缴纳赋税，天下百姓纷纷投奔吴国。汉法规定，有钱人可以买人代服徭役。吴国百姓钱多，纷纷用钱买人代服徭役，国内劳动力奇缺。刘濞广开方便之门，无论是谁，有来必收。吴国十分富裕，每年都发奖赏给百姓，对因公殉职或受伤的人待遇更优。可见，吴国的财力之富足，可与中央抗衡。

此前，刘恒在位时，吴国世子刘贤前来朝见。刘濞不来朝见，派世子前来，已是不该。刘启宴请刘贤，两人赌钱。刘贤家财万贯，傲慢骄横，其间刘贤轻慢刘启，刘启提起赌具掷向刘贤，结果刘贤死了。

深感歉意的刘恒命人给刘贤办丧，让刘贤的随从抬刘贤回吴国。爱子去世，刘濞很伤心，对随从说："刘贤和皇帝是一家人，死在长安就埋在长安，不用抬回吴国。"刘濞命来者将刘贤抬回长安。刘濞此举，分明是想让儿子享受皇帝的待遇。

自此，刘濞厌恨朝廷，渐渐不守作为藩臣的礼节，长期称病不朝见。刘恒觉得刘濞长期不朝见的真正原因是刘贤之死，而非身体病痛，找人一验，果然是丧子之故。此后，每次刘濞派人到长安都受到关押，有去无回。刘濞越加害怕，每到朝见都称病不住，谋反准备更加迅速。

刘恒见刘濞多年不来朝见直接派人去请，刘濞还是称病拒绝。刘恒盘问吴国使者，使者回答："看清池中的游鱼，对谁都没有好处。吴王刚装病就被发觉，见皇上责难之切，害怕被诛，不知道怎么办。为大家好，希望皇上给他一次机会。"这话叫作，"水至清则无鱼，人至察则无徒"，使者分明是劝刘恒糊涂而过，将一场灾难糊糊涂涂地消弭掉。

深明其意的刘恒马上释放所扣留的吴使，赏赐刘濞手杖，恩准刘濞可以不来朝见。刘恒不敢削藩，想蒙混过关。他年老，一死就算蒙混过了。然而，养虎遗患，虎大必伤人，他死后，刘启就必须面对。刘恒如此宽厚，刘濞越发骄横，大势铸钱，广泛煮盐，遍招天下亡命之徒。经过三十多年的发展，吴国势力上升到诸侯国的首位。对朝廷心怀不满的王侯，唯刘濞马首是瞻，刘濞的势力一天天壮大。

衛長卿

王母東鄰为小兒偷桃三度到瑤池群仙無處追踪弥却自持桑萬壽屁唐寅为守齋索奉馬守菴壽

七国联合造反

面对吴国势力一天天地壮大，晁错对刘启说，高祖皇帝分封天下，齐王封七十多座城，吴王封五十多座城，楚王封四十座城，天下都给分去了一半。吴王因丧子之故，称病不朝，于法当诛。文帝宽厚仁爱，恩赐吴王手杖，刘濞不知悔改，骄横反增，公然开山铸钱，煮海为盐，广招天下亡命之徒，这就是谋反作孽。事到如今，你削藩，他要反；不削，他也要反。如果即刻削，他早反，准备不充分；如果不削，让他准备充分，祸害就大。晁错分析有理，刘启答应削藩。

景帝三年（公元前154年），晁错借楚王刘戊在为薄太后服丧期间奸污服舍，请求诛杀。刘启赦免刘戊，但削了他的东海郡。接着，晁错又借罪削赵王刘遂的常山郡，借胶西王刘卬卖爵之罪，削刘卬的六个县。刘戊、刘遂和刘卬实力不足，不敢挑战朝廷，一起将目光投向实力最强的吴王刘濞。

朝廷削刘戊、刘遂和刘卬的封地后，刘濞自知有罪，担心被削，准备举兵造反。刘濞想除了勇猛的胶西王外，诸侯王不足与谋。刘濞命中大夫应高游说胶西王，说刘启任用奸臣，听信谗言，更改法令，擅削诸侯，越干越猛，吃完糠必然要吃米。吴王和胶西王都是知名王侯，时时被察，连活动自由都没有。吴王已经二十多年没朝见皇帝，日忧被疑，难以自白，整天胁肩累足，惶惶不可终日。吴王曾听说胶西王也有过失，朝廷表面借过失削地，只怕不仅如此。应高言论有理，胶西王害怕被削，问应高该怎么办。

应高回答："同恶相助，同好相留，同情相求，同欲相趋，同利相死。现在你和吴王同忧一事，何不趁此时机，捐躯为天下除害？"

胶西王很害怕，说宁愿死也不敢造反。

应高说："这全是御史大夫晁错蔽忠塞贤，惑乱皇上，侵夺诸侯，导致民怨四起，诸侯背叛。现在彗星出，蝗虫起，是成就千秋大业的良好时机。吴王跟随你内诛晁错，外安天下。凭大王的勇猛，驰骋天下，定然所向无敌。只要你一句话，吴王即刻率兵攻取函谷关，抢占荥阳敖仓的粮食，抵御朝廷，修葺房屋，等待大王。如果大王起兵，那么天下就有一半是你的。"

应高游说，诱以大厚利，但也没全是瞎说。景帝二年（公元前155年）到景帝三年（公元前154年），前后出现两次彗星，第一次在东北方，第二次在西方。应高不辱使命，劝服胶西王刘卬起兵。刘卬勇猛无敌，他肯出兵，刘濞就有前锋将军了。

应高告诉刘濞，刘卬同意起兵。刘濞办事精细，假扮吴使，亲见刘卬，面谈相约。刘濞见刘卬真有起兵之心，很高兴，回国起兵。

吴王的朝臣劝谏说，诸侯王国的封地不满朝廷的十分之二，造反必然令太后心忧。现在只侍奉一位皇帝都如此之难，如果真有两个皇帝，祸患更大。刘濞否决朝臣，遣使相约齐王、菑川王、胶东王、济南王造反，这几位王都答应。

刘濞这次造反，共约了六位王，分别是楚王、赵王、胶东王、菑川王、济南王和胶西王。七位封王一同造反，史称"七国之乱"。

七国齐声发难，旗号为"清君侧，诛晁错"。当然，这不过是借口，刘濞等人的真正想法就是要夺取帝位。

作为法家思想的继承者，晁错身体力行，修改法令，十分激进，损伤社会上既得利益者的利益。晁错此举,与商鞅变法相似。商鞅有位进取的秦王支持;晁错有位还未脱离仁爱的刘启,他的性命寄托在刘启手中。

齐国、济北国、胶东国、胶西国、菑川国和济南国六国的国王是六兄弟,刘恒怜悯刘肥子孙无王,分大齐国为小六国,让刘肥的诸位子弟都能称王。这几位王实力不强,只是胶西王刘卬勇猛,可以共论大事。因此,这六国合力,只有曾经的一个齐国之力。

造反总是有点不顺利,突然齐王刘间不干了;济北王城墙坏损,交兵权给郎中令修复,郎中令劫持大王,不让出兵。齐王不造反,言而无信,大伤兄弟情谊,胶西王、胶东王、菑川王和济南王合兵一处,由勇猛的胶西王刘卬统率,全力攻打齐国首府临菑。刘卬兄弟间的事交给刘卬解决,吴楚联军不干预,径直西进。吴楚联军人多势大,一路向前,锐不可当。邀请匪徒为将,强迫百姓参军,吴楚联军,全是乌合之众,只有一鼓锐气,刚猛之威难以持续。

吴楚联军势大,但注定必败,因为刘濞不用良言善计,吴军内遍布妒贤嫉能之人。刘濞刚发兵,大将军田禄伯请求领五万人沿长江、淮河而上,攻取淮南、长沙,进入武关,为大军开辟根据地。吴国世子却阻碍,害怕田禄伯拥兵自重,不听使唤。刘濞不懂形势,竟然听信儿子之言,错失良机。

桓将军认为吴国步兵多,利于据守险要地势;刘启车骑多,利于平地作战。他请求引领步军直取洛阳,抢占敖仓,一得地理,二有军粮,就算不能攻取关中,也有一半天下。诸老将竟然说桓将军只会打前锋,不懂兵法。千军易得,一将难求。不能任用大将,这是刘濞失败的前奏。

失去田禄伯提议的第一个机会,刘濞失去了自己的后方,一旦开战,刘濞必然后院起火;失去桓将军提议的第二个机会,刘濞就失去了一半天下。

虽然叛军势力强大，但刘启并未自乱阵脚，他兵分四路，先封周亚夫为太尉，率兵迎战吴楚联军；再命郦寄攻取赵国，截杀吴楚联军后方；然后命栾布救齐国；最后派窦婴镇守荥阳，护卫长安。此番调令虽然心思周密，但要请窦婴出战有点难度。窦婴本极力反对削藩，之前愤然离去，后又因刘武之事得罪太后，已被免官除籍。

可大敌当前，不容退却。于是刘启立即召见窦婴，意封为将军。但窦婴称病推辞。刘启说："如今天下危急，作为皇室外戚，怎么能够推让呢？"于是封窦婴为大将军，赏赐黄金千斤。窦婴举荐郦寄和栾布。刘启派兵四路，有三路将领因窦婴而存在，可见窦婴对平定七国之乱的功劳。

晁错枉死

眼看天下因削藩削得兵征将战,烽火四起,晁错的老父亲由颍川跑来见晁错问:"皇帝刚刚继位,你当政用事,侵犯诸侯,离间骨肉之情,弄得怨言漫天,你究竟想干什么?"晁错的老父亲是个明白人,他问晁错"究竟想干什么",意在告诉晁错适可而止,因为只要活着,削藩就没有尽头。

"你说的都是实情;然而,如果不这样做,天子之位就会遭到威胁。"晁错回答很简单,只表达一句话:我愿为此舍身。

"为了刘氏安稳,我们晁氏就有灭门之祸,我将离你而去。"不久,晁错的父亲喝药而死,留下一句话:我不忍见祸害加身。一句"我不忍见祸害加身",表达了对晁错之爱和对叛乱局势的无助、无奈之感。

晁错愿为国家而死,毅然决然;他父亲愿为家庭而死,同样毅然决然。同等刚烈之性,表达的又是不同的情感。

吴楚联军势如破竹,晁错建议先割吴楚联军还没攻陷的徐县和僮县给吴国;其次,刘启御驾亲征,晁错守城。晁错性格刚烈,绝不轻易退让,他建议割地给吴国,可见吴楚联军声势之大、攻势之强、威势之猛。

晁错提出这两条建议，都有可行性，但违情背理。首先，割地给吴国，这严重违反削藩的原则，承认削藩错误等于自己扇自己耳光，不明智；其次，让皇帝出征，臣子留守，这是臣子不忠的表现。无论君主如何倚重臣子，臣子都不能让君主怀疑他的忠心，否则大祸临头。吴楚联军猛攻，晁错提出这样的对策，大错特错。

一天，刘启正在和晁错相商调度军粮之事，窦婴带着袁盎求见。

在同一房间，晁错同时面对他的两个仇人，实属罕见。第一位仇人是窦婴，窦婴反对晁错削藩，两人结怨。第二位是袁盎，袁盎与晁错的仇类似世仇，有晁错的地方就不会有袁盎，有袁盎的地方绝不可能有晁错，他俩互不相容。见到袁盎进来，刘启心知必有要事禀报。

"你曾经是吴国相国，知道田禄伯的为人吗？现在吴楚七国造反，你觉得该怎么处理？"刘启问得很有道理。田禄伯是吴国大将，很有才，但不被重用。对于活着的人，如不被任用，与死没多大区别。

袁盎想都不想，张口就说不用担心。刘启说，吴国开山铸钱，临海煮盐，富可敌国；广招天下豪杰，兵强将勇，他们已经准备好了，怎么能不担心。吴楚联军都要攻入长安了，刘启的皇位就要保不住了，他怎么能够不担心。面对强敌，谁都想保住现有的一切，刘启也不例外。

"吴国是有铜矿和盐海的优势，但刘濞所招的不是豪杰，而是无赖、犯罪分子和亡命之徒，这些人只会作乱。"袁盎一句话，既说出对方弱点，又指明自己优势，说到晁错的心里去了，所以他立即附和。这不仅是晁错对袁盎说的第一句话，还是诚心赞同的话。这两位生死之仇，都知道对方有才，直到临死，才称赞对方，真是可惜。倘若晁错与袁盎能联手，对大汉的发展不可同日而语。

不似晁错举轻若重，屡犯皇帝的禁区，袁盎一语中的，举重若轻，顿时让刘启刮目相看，问袁盎有什么好计谋。袁盎冒死前来，就为刘启的这句话。杀人的机会来了，袁盎让刘启屏退左右。刘启依言屏退左右，只剩下刘启、袁盎和晁错三人。

"我的计谋，作为臣子的不能知道。"袁盎话刚出口，晁错就知道大祸不远。晁错走到东厢，知道袁盎的计策对自己不利，但事已至此，无可挽回。晁错不恨被袁盎算计，他恨壮志不酬。面对壮志不酬，贾谊郁郁而终，晁错恨意耿耿。

袁盎对刘启说，吴楚七国传檄天下，说高祖皇帝分封刘氏子弟天下，晁错却更改法令，削弱诸侯，致使七国发兵，他们的旗号是"清君侧，诛晁错"。只有先斩晁错，再归还诸侯的封地，才能消弭战祸。

"只有借晁错的头，才能消弭战祸！"刘启听后默然。晁错跟随刘启一生，才气磅礴，大义凛然，令人敬佩。大事紧急，自古以来，只有臣为君死，没有君为臣亡；只有臣为君忧，没有君为臣愁。

数天后，丞相、中尉和廷尉等高官一起弹劾晁错，说晁错削藩引发吴楚造反，还让刘启冒生命危险御驾亲征，晁错留守长安。晁错大逆不道，为臣无礼，为人不义，该当腰斩，灭族，弃尸闹事。群臣弹劾晁错，晁错却毫不知情。这是一场被告缺场的审判，这是一场皇帝默然的审判，罪犯晁错不知道自己将死。

景帝三年（公元前154年）正月二十九日，中尉传晁错上朝见刘启。

晁错身穿官服，对镜理装，穿着仍旧像平常一样严严整整。他随中尉坐车，即将上朝，认为刘启将与他共商大事。刚到长安闹市，晁错被踢下车，刽子手大刀砍落，晁错的身体由腰部断为两段。

稳扎稳打破叛军

晁错被斩后,刘启封袁盎为太常,封窦婴为大将军。仇人被除,袁盎和窦婴都很高兴。长安城中的贤大夫们争相攀附袁盎和窦婴,每天都有几百辆车马跟随他俩。世人的脸就是这样,可惜晁错没看见。

袁盎以太常的身份、德侯刘通以宗正的身份出使吴国。吴楚联军猛攻梁国,久攻不下。一个小小的梁国都不能攻取,吴楚联军不过如此,空有声势。

刘通拜见刘濞,要刘濞跪拜受诏,刘濞知道袁盎陪同前来,大笑,问:"我已经是皇帝了,还要跪拜谁?"刘濞欲让袁盎带兵西进,袁盎不肯。刘濞便欲加害。

袁盎连夜逃出,直到天亮才见梁国的骑兵。袁盎回到长安后,将一切告知刘启。刘启如大梦初醒,才知道诛杀晁错是名,抢夺帝位才是真正目的。人死不能复生,刘启悲伤无用。面对抢夺皇位的敌人,刘启只能打硬仗。

领兵出发的周亚夫准备经过函谷关,直取荥阳,守卫长安。赵涉对周亚夫说,刘濞广纳亡命之徒,他们定在通过函谷关的必经之地崤山和渑池(河南渑池西)等险要之地预谋伏击。为了安全,还是走蓝田,过武关,再到洛阳。到洛阳后,擂鼓大造声势为好。赵涉之计,首先保证大军安全，其次汉军突然袭到，有如天兵，叛军必然惊惧。周亚夫听取良策，并派一支军前往崤山和渑池等险要地段搜山，果然抓捕到不少吴兵。

周亚夫率领三十六位将军，兵力约有三十万，与吴楚联军势均力敌。周亚夫细心谨慎，问他父亲的门客邓都尉该如何对付吴楚联军。邓都尉说："吴兵精锐，难以争锋。楚兵轻装远道而来，支撑不久。如今之计，你可以引兵到东北方向的昌邑筑高城坚守，让梁国拖疲吴兵，挫败他们的锐气。你领轻骑绕到敌军后方的淮泗口，断绝他们的粮道。吴楚联军一旦粮绝，必然内乱，那时将不攻自破。"

这个方案被亚夫报告给刘启，刘启同意。周亚夫第一次率领大军，没有功劳，很谦虚，对刘启很敬重。

吴楚联军攻城极猛，梁国苦守，难以支撑。梁国首府睢阳和昌邑遥遥相望，梁国见周亚夫大军开到，急向周亚夫求救，周亚夫拒不发兵。梁王刘武见周亚夫不发兵解围，上书状告周亚夫。刘启下诏命周亚夫解围救梁，周亚夫还是坚壁安守，抗旨不发兵救梁，亲率骑兵断敌兵粮道。

叛军全力攻打梁国，刘武派韩安国、张羽二人坚守。韩安国生性持重，张羽勇猛善战，他二人领兵死死挡住吴楚联军。吴楚联军攻得正急，突然传来周亚夫断绝粮道，眼见梁国难以攻陷，刘濞好生焦急。

刘濞下令移师直取周亚夫，雪断粮之辱。刘濞军行至下邑，却撞上迎面而来的周亚夫。吴军叫阵，周亚夫扎营坚守不出。吴军一连叫了十几日，周亚夫只是坚守不出。军粮匮乏，吴军不敢耽搁，当即采取明佯攻暗偷袭之计。

夜晚，吴军在东南方向大举进攻，周亚夫却调兵防守西北。吴军主力果然在西北，周亚夫事先安排，吴军无法攻入。吴军缺乏军粮，闹饥荒，一部分饿死，另一部分反戈相向，追随刘濞的只有一小半。周亚夫率军攻打刘濞，两军相交，刘濞大败而逃；楚王刘戊兵败自杀。

刘濞一路逃命，渡过长江，逃到丹徒（今江苏镇江丹徒镇）。然而，百足之虫，死而不僵，刘濞一路收聚残兵败将，竟然有一万余人。刘濞起兵，曾相约南越国；这次兵败，他想退守南越。刘濞兵败逃亡，刘启马上诏告天下，说刘濞叛乱背上，今已溃败，截杀刘濞者必受重赏；如包庇窝藏，腰斩不赦。刘濞派人以厚利贿赂南越王，南越王骆望回复刘濞说，他愿意借军给刘濞。刘濞出城劳军，被南越王派人杀害，割下刘濞的头，传报刘启。

拨开云雾见青天！刘濞一死，刘启的好消息纷至沓来。栾布击败胶东、胶西、济南和菑川四国，解救齐国；胶东王、胶西王、济南王和菑川王兵败伏诛，齐王饮药自杀。栾布移军北上，匈奴闻知，撤回漠北。郦寄久攻赵王刘遂不下，栾布兵到，引水灌城，刘遂自杀。

一场七国乱，七王就此亡。景帝的江山终于稳定下来。然而，景帝的好日子却未能如他所想的那样过得安稳，关于将来继承人的问题，又一场女人大戏要在他的面前展开。

第六章

储位之争拉开帷幕

不是亲家就是仇人

追溯往昔，但凡大人物的"出生"，照例总要附上许多传说，否则总难叫听者满意。如汉高祖刘邦斩白蛇后起义，又如孙坚的妻子梦到日月入其怀而生下孙策、孙权，而赵匡胤夺权之前又有天现二日的传说……总之，若没有祥征瑞兆的"清洗"，这皇帝位总像是偷来的赃物，见不得光。

武帝的出生也不例外。中国人自古崇拜太阳，常以之比喻君王。武帝的母亲是王娡。王娡怀着他的时候，曾梦见一轮红日钻进她的怀里，顽皮地来回跳跃。她把这事说给景帝听，景帝抚着她的肚子感叹："这是贵不可言的吉兆啊！"

现在看来，"红日入怀"的神话有可能是王娡有意编造。

武帝刘彻是景帝的第十个儿子，在他之前，皇长子刘荣已被立为太子，皇位本来轮不到他来坐，但是命运偏偏选中了他。

刘荣的母亲是栗姬，栗姬是个漂亮的美人，曾经很得景帝的宠爱，连着为景帝生了三个儿子。立下如此功劳，地位自然越来越高，自薄皇后被废，景帝一直将皇后的位子空着。薄皇后多病，栗姬向来统领后宫，此时后位似是非她莫属了。别人这样想，栗姬心下也暗暗期盼着。

可是她跟所有后宫女人一样，长着一颗"妒忌的心脏"，而且她这颗心脏跳得特别猛，别人的都在怀里静静地伏着，唯有她的不甘寂寞，跳得怦怦直响，几里外都能听到。

爱的反面是冷漠，不是恨。栗姬恨景帝，但她更恨长公主刘嫖，因为她不断地给景帝找女人，要不是她，后宫哪来这么些个狐狸精？！

刘嫖是何许人？窦太后的女儿，景帝一母同胞的亲姐姐。刘嫖生在帝王家，可谓既富且贵，衣食无忧，然而她生性贪婪，总是想得到更多。谁能满足长公主的贪欲呢？恐怕只有她的弟弟，当今天子。也许景帝刘启是一个"浑然天成"的好色之徒，又或许他是在刘嫖的不断"喂养"下，才渐渐变成一个纵欲无度的色鬼。总而言之，刘嫖为景帝进献了许多美女，景帝也越来越离不开刘嫖，常常给她大量的赏赐。

刘嫖是窦太后唯一的女儿，老太太自然疼到不行，再加上与景帝的"特殊关系"，她的能量很大，时常能够左右宫廷大事。所以刘嫖借皇姐之尊，为了讨好景帝，竟然四处搜罗美女。

要干就干一票大的。刘嫖打算亲上加亲，她将目光投向了自己的侄子，当朝太子刘荣，若阿娇嫁给他，将来岂非要做皇后？婚姻讲究"父母之命"，刘嫖立马动身，入宫去向栗姬提亲。

她这一路上脚步很快，裙角始终扬在身后，未曾落地。大概"保媒拉纤"这一类事，刘嫖已是熟能生巧、得心应手，她从未想过失败的可能。刘嫖的自信是有道理的。她想，以她长公主的身份，以她刘嫖今时今日在宫廷内外的能量，栗姬肯定会欢天喜地地接受这门亲事。如此一来，刘荣的太子之位将会更加巩固，母以子贵，栗姬封后也是指日可待。之后她会牵着刘嫖的手商量婚事的具体事宜，又或叽叽喳喳地说些姐妹间的私房话……

然而她没想到的是，栗姬和自己根本不是一路人。在栗姬身上，女人嫉妒的情感淹没了"准皇后"的政治算计，栗姬积蓄已久的怒火爆发了，竟然将亲事一口回绝。具体细节已经很难知道。栗姬是关起了冷冰冰的大门，连见面的机会也不给刘嫖，还是对着她破口大骂，这不重要了。重要的是，刘嫖愤怒了，她带着兴奋和"好意"一路飞奔，越跑越快意，没想到迎接她的是结结实实、又冷又硬的狼牙棍，圣人君子猝不及防地挨了一下也要骂娘，何况刘嫖这个给人娇宠了一辈子、翻手为云覆手为雨的长公主？

仇恨的火苗在刘嫖心里烧起来了。刚开始火苗很微弱，只是对栗姬的不解与怨恨。慢慢地，它获得了源源不断的燃料——与未来太后的交恶对这位长公主意味着什么呢？当母亲窦太后和当今天子相继下世，自己将毫无遮掩地暴露在栗姬那疯狂而狠毒的目光之下，到时候谁会来为自己说一句话？

火苗烧得越来越高，温度却越来越低，泛出蓝幽幽的光来，跳跃窜动，如同毒蛇吐信，信子的方向对准了政治上极度幼稚的栗姬和她最大的倚靠，当今太子——刘荣。

抛夫弃子的王娡

要扳倒栗姬和太子,并非易事,刘嫖还需要助手。

可能是听到了红日入怀的传言,刘嫖对这个人的心机和手段都佩服得五体投地。不错,她的帮手就是武帝之母,王娡。

王娡只是平民出身。她的母亲臧儿,是原来的燕王臧荼的孙女。臧荼的这个燕王是项羽封的,他投靠刘邦,乃是不得已而为之。看到刘邦一再贬斥功臣韩信,臧荼再也坐不住了,他几乎是跳着起来造反,让刘邦来抓他。刘邦没有叫他失望。

臧荼虽然鲁莽,但他这种不甘于束手就擒、主动出击的"英雄"血液隔代注进了臧儿这个女人的身体里。

臧儿嫁与槐里仁王仲,为他生了一男二女,儿子取名王信,长女就是武帝之母王娡,次女名为王皃姁。王仲死后,臧儿改嫁长陵田氏,生了两个儿子田蚡、田胜。虽然家道中落,臧儿到底也是名门之后。

金王孙不知何许人也,也许人如其名,真的富有千金,贵如王孙。总而言之,臧儿把王娡嫁给了他,王娡为他生了一个女儿,一家人和和美美。

也许总觉得做了赔本买卖——姑爷金王孙实在不像有恢复臧家荣

耀的可能——臧儿带着疑惑和希望，找人给两个女儿卜上一卦。

卜人曰"两女皆当贵"。

女人贵到极处只能是皇后。

臧儿强行把王娡从金氏家中抢回来。能与夺妻之恨并列的，乃是不共戴天的杀父之仇，金王孙当然不肯就此与娇妻诀别，他感到既屈辱又愤怒。任他捶胸顿足、哭天抢地，臧儿却全不管这一套，径自把王娡和王皃姁送进了当时的太子——刘启的宫中。若王娡以死相逼，就是要跟金王孙在一起，臧儿只能拍着大腿，拿她没辙。所以，没有王娡的同意，臧儿的"强抢"是无论如何也行不通的。不理丈夫绝望的眼神，无视襁褓中的女儿伸出稚嫩的小手，王娡转身就走。

王皃姁还好，王娡却已经嫁过人，刘启还会照单全收吗？

其实汉时风俗与后来的朝代，如明清迥然有别。那时候，寡妇再嫁如家常便饭，是常有的事，人们并不会因此在其背后指指点点。比如汉文帝的母亲薄姬，本是魏王豹宫中的女人，魏豹为周苛所杀后，刘邦看中了她，于是收归己有。后来周勃、陈平平定诸吕，迎立薄姬的儿子代王刘恒为帝，薄姬因此做了太后。一个曾"侍二夫"的女人，竟然可以做太后，可见当时社会对女性的宽容。

其实这种宽容一直延续到宋朝，"先天下之忧而忧，后天下之乐而乐"，千古名相范仲淹的母亲就曾带着他改嫁，也未见有人非议。直到蒙古人南侵，其视女子为财产，观念与汉人全然不同，双方婚制冲突日渐激化，汉人社会为"保护自己的女人"，遂开始表扬守节。

话虽如此，"再嫁的特权"也只限于寡妇或被休的女人——金王孙还没死啊！王娡也并非被金王孙休掉。一旦事情传开，王娡必将承受巨大的舆论压力，甚至将陷入千夫所指的窘境。所以，"隐婚入宫"，臧儿与王娡等于自断后路，是冒了极大的风险的。

王娡是个聪明的女人，不过刘嫖的橄榄枝并没有直接伸给王娡，而是伸给了她所生的刘彻。

刘彻出生时不叫刘彻,而是叫刘彘。彘的意思就是小猪仔儿,堂堂皇子,怎么会以猪为名?据《汉武故事》说法,"景帝亦梦高祖谓己曰:'王美人得子,可名为彘。'"可见刘彻出生不仅仅惊动了父亲景帝刘启,甚至还惊动了祖宗汉高祖刘邦。这意思就是说,景帝梦见高祖给刘彻起名字了。

刘彘幼时不仅可爱,而且从头到脚透着一股机灵劲儿。他一天到晚调皮捣蛋,与姑姑刘嫖的女儿、表姐陈阿娇玩个不亦乐乎。

通过把阿娇许给刘彘,刘嫖与王娡的手紧紧握在了一起。王娡不像栗姬那样不识抬举,她那灵敏的鼻子很快嗅出了阴谋的味道!她太明白与刘嫖结亲的重要性了,她要抓住这个机会,皇后的宝座就在眼前!

丈母娘为女婿说话乃是天经地义的事。刘嫖就常常在景帝耳边吹风,说刘彘如何地聪明健壮,如何地可爱伶俐。刘嫖所言,景帝心里是有数的,否则怎会在刘彘七岁时,为他改名为通彻、透彻之"彻"?只是,废立太子乃是国之大事,景帝还要仔细想想。

撕破脸皮的夫妻

栗姬在政治上的修为还是不够,她拒绝了刘嫖的亲事,已算是"撕破脸皮",可是她并没有对付刘嫖的后续手段,也不曾在夜里睁着放光的双眼,窥伺对付她的时机。栗姬也许并没有想要把刘嫖怎么样,她的拒婚很可能只是一种情绪的发泄。但是栗姬发脾气发错了时间和地点,她不知道在她任性妄为的时候,有多少人对着她和太子磨刀霍霍。

刘嫖却不一样,得罪将来太后的恐惧逼得她只能"先下手为强"。刘嫖对景帝说,栗姬与你所宠爱的那些妃子聚会,总是让她手下的侍者在她们背后诅咒、吐口水,以巫术害人。

武帝晚年曾大搜巫蛊;李泽厚先生在《美的历程》里说秦汉乃是人神"共存无有隔阂"的时代;李零先生的《中国方术考》也曾论说汉时的浓烈巫风。所以,栗姬的巫术诅咒是可能的;而且依照她的性格,她这样做的可能性很大。

刘嫖却知道"求神拜佛"是没用的,女人之间的战争只能靠男人来决出胜负。大概因为很多女人都是经她之手入宫,刘嫖的消息十分灵通,栗姬可能做梦也没想到,她的那些小把戏会传到刘嫖的耳朵里,再通过刘嫖的嘴传到景帝的耳朵里。

后宫不和往往是皇帝最头痛的事，所以"景帝以故望之"。

"景帝"是刘启死后，人给他的谥号。所谓"耆意大虑曰景"，就是说不莽撞，喜欢深思熟虑。景帝虽然心里不快，但栗姬毕竟是太子的生母，还要观察观察，所以没有发作。

刘嫖的目的达到了，景帝那注意的目光已经投在了栗姬的身上。栗姬不知道，这不再只是她和刘嫖的博弈，现在连景帝也"参与"进来。可是，暴躁人性的魔鬼附了她的身，她仍然不知道收敛。

景帝的身体一向不好。有一次景帝生病，大概病得很重，重得以为自己快死了。所谓"人之将死，其言也善"。他召见栗姬，体虚气弱地开始托付后事。

"我死之后，那些孩子就交给你了，要好好对待他们。"

栗姬却"不肯应，言不逊"。

栗姬已经被嫉妒折磨得有些发狂。景帝的意思非常明显，栗姬已经是他心里的皇后。栗姬却对此毫无反应，一口回绝了景帝。

病中的人最需要温暖的安慰，哪怕是欺骗，景帝心里那软软的一处被栗姬的恶言恶语"痛快"地碾碎了，此时他不再是那个托付后事的温情丈夫，两人间的气氛迅速由"融合"转化为"对抗"。但也许是因为心里有愧，又或许是因为病得不再有力气吵架，景帝选择了沉默。沉默不等于平静，新账旧账叠在一起，景帝的愤怒如地火在下面潜伏奔流着，一旦给他寻着地壳的缝隙，就要喷薄而出。

有一天朝会，大行（官名，主管礼仪）奏事完毕，接着向景帝进言道："'子以母贵，母以子贵'，现在太子的母亲栗姬还没有封号，应该立她为皇后。"景帝大怒道，这事哪轮得到你来多嘴！命卫士将大行拉出去砍了。其实古代君主制下，君王的家事就是国事，立太子立皇后等大事更不在话下，既为国事，大臣如何不可参议？

景帝所谓"哪轮得到你来多嘴"，不过是因为大行所言触到景帝的逆鳞——景帝对栗姬已经死心，怎会立她为后？而一旦大行的建议

110

被采纳，最终的得益人是栗姬，景帝遂以为大行背后是栗姬在指使。于是他废刘荣太子之位，把其贬为临江王；又把栗姬打入冷宫。栗姬见不到皇帝的面，想解释也没有机会，于是憋闷忧愤而死。

有关大行提议立后的事，司马迁是这样说的：

"王夫人知帝望栗姬，因怒未解，阴使人趣大臣立栗姬为皇后。"

竟然是王娡在背后搞鬼！她这招"以退为进""予取先与"可谓狠毒！

刘荣被废、栗姬被打入冷宫后，景帝封王娡为皇后，王娡所生的刘彻（刘彘）也被立为太子。

"苍鹰"郅都

刘荣被废两年了，也许是因为母亲死了，自己再也看不到复位的希望，所以破罐破摔，扩建宫室而占了祖父文帝刘恒的宗庙辖地，由此被汉景帝征召觐见。刘荣启程，刚上车一会儿车轴就断裂，这被认为是不祥之兆，江陵父老相顾泣涕，说，大王回不来啦！（"吾王不反矣"）果然，刘荣刚到长安就被召到中尉府（执掌长安治安警卫），交由中尉郅都审问。

狱中的刘荣想要给景帝上书，但郅都给看守刘荣的狱卒下了死命令，严禁他们送给刘荣刀笔。后来刘荣通过他的老师，前太傅魏其侯窦婴的暗中帮助，才拿到刀笔，得以上书。刘荣的这封"血书"递出去后，立刻就自杀了。"临江王既为书谢上，因自杀。"

一般来说，狱中上书多是认错求饶，又或为自己所为辩解，又或动之以情，总而言之，上书的目的应该是保命。可是为什么上书之后，刘荣立刻自杀，也不等等景帝的"批示"和反馈呢？难道是在狱中受了莫大的羞辱，故而激起他的烈性，就此捐弃年轻的生命？又或在上书之前就已经知道答案，上书不过是死前最后的倾诉？

皎皎明月从铁窗内探出头来。刘荣的尸身悬在梁上，投下的影子在满地的银光里摇来荡去，这大概就是一代皇子留在人间最后的痕迹吧。

刘荣算是被郅都逼死的，窦太后知道后怒不可遏。所谓"幼子长孙，老太命根"。她借口说郅都犯法，要把他贬为庶民，为孙子报仇。身为父亲的景帝，反应却十分奇怪，他没听太后的，他特派一个使者持节到郅都家中，改任他为雁门太守，抵抗匈奴，还给他临机专断的大权。郅都远走雁门，窦太后伸手不及，一时间也拿他没办法。

汉朝的皇帝，大多是所谓"孝子"，死后的谥号里也多有一个"孝"字，如"文帝"实际上是"孝文帝"，"景帝"实际上是"孝景帝"，"武帝"其实是"孝武帝"……这郅都到底是何方神圣，竟敢逼死皇子，而孝顺的景帝又为了保他而忤逆生母？

郅都，生卒年不详，河东郡杨县（今山西芮城东）人，文帝时曾做过郎官随侍文帝一旁。关于郎官，古史学家说，"郎"通"廊"，一般是指立在宫殿走廊里的侍卫，听凭皇帝差遣。拜为郎官，就成了皇帝的"身边人"，每天得闻军机大事，耳濡目染，不知不觉间便培养了政治眼光，积累了政治经验。又，郎官长年随在皇帝身边，陪他骑马打猎，为他保驾护航，皇帝差不多能叫出他们每个人的名字，对他们知根知底，一旦某个官职空缺，他们总是第一批进入皇帝视线的候选人。出击匈奴、彪炳百世的大将军卫青做过郎官，为武帝出谋划策、筹钱筹粮的大司农桑弘羊也做过郎官。

入选郎官有三条途径：一是荫任，功臣后人和秩级二千石以上的官宦子弟可凭荫恩直接入选为郎；二是家世殷厚，捐钱四万以上，其子弟也可为郎，景帝时，司马相如就是捐钱为郎；三是"天赋异禀"，如桑弘羊就是因为有心算的能力，在其十三岁时被选为郎。

《史记·酷吏列传》里，记有这样一句郅都的座右铭：

"已倍亲而仕，身固当奉职死节官下，终不顾妻子矣。"

就是说，我既然离开父母做官，就要奉公守节、以身殉职，哪里还管得了妻子儿女？

郅都是有名的酷吏，心狠手辣，他时常扯着脖子喊出"倍亲""不顾妻子"这样的冷酷绝情话，而且一天喊上好几次。

景帝的时候，郅都升为中郎将。有一次他随从景帝去上林苑，景帝的妃子贾姬上厕所时，一只野猪跟着蹿了进去。野猪凶猛，力能搏虎，贾姬的情况危在旦夕。景帝递眼色给郅都，叫他冲进去救人。但是郅都好像把景帝当成是空气，没有任何反应。景帝情急之下，就想自己去救贾姬。这时候郅都却抢着跪在景帝面前，把他拦住，只听他说："死了一个贾姬，还可以再找一个，这世上还缺美女吗？陛下不知自我爱惜，可曾想过江山社稷，想过太后吗？"

原来郅都不进厕所救人，不是因为男女有别，而是为了皇帝的安危。其实仔细想想，郅都这套歪理根本就说不过去，皇帝进去救人是以身犯险，他郅都身为中郎将，保护皇帝及妃嫔是职责所在，为什么也不去救人呢？还找出这样堂而皇之、无耻之极的借口！

景帝显然对此未作深思，竟然停住了。幸好野猪只是出来散步一圈就离开了，已经"被放弃"的可怜的贾姬最终平安无恙。窦太后听说这件事非常开心，"赐都金百斤"，对郅都重视起来。

不过，事情奇怪就在于此。郅都逼死前太子刘荣，窦太后要贬他为民，其实不只是贬官，从后来的事情看，窦太后有一系列对付郅都的手段，非要把他弄死不可。而他对宫里的妃子见死不救，窦太后却对他大加赏赐。

一贬一赏的背后，是什么道理呢？原来，不救妃子是为了保护自己的儿子。儿子是自己的血脉，孙子也是自己的血脉，所以逼死自己的孙子当然罪不可赦。可知窦太后是多么护短！

大概观察的时间久了，景帝也看出了郅都的才干，所以任命他做济南太守。郅都果然不负景帝所望，他初到济南，不动声色间就把瞷氏家族的首恶全部灭族，所谓"雷厉风行"不过如此。剩下的人为郅都的雷霆手段所慑，个个噤若寒蝉，不敢再恃强横行。一年以后，济南郡中路不拾遗、夜不闭户，有了太平盛世的景象。附近的郡守听到情况，都把郅都看做长官,不敢跟他平起平坐。这种心理十分正常,在每个人都保持礼貌友善的圈子里,如果突然来了一个随时可能暴起伤人的狠角色,这圈子里的其他人自然会害怕他、附和他。现在,由这些温和郡守组成的圈子里多了一个历史上有名的酷吏,他的名字就是郅都。

不光在地方官场扬眉吐气,郅都在朝为官时也腰板挺直,总是一副要动手的样子。太史公说他,"敢直谏,面折大臣于朝"。条侯周亚夫乃是开国功臣周勃的儿子,又在平定七国之乱时立了大功,终于被封为丞相,他长期做将军,风霜铁面上凛凛威严,大家都有点怕他,唯独郅都见了这个顶级长官,作个揖转身就走。郅都暗里对周亚夫有点挑战的意思吧。出身低贱的人对出身高贵的人总是暗里羡慕,表面却要装出不屑的样子,也许这种巧妙复杂的心理连他们自己也不明白。郅都如是,后面要讲到的灌夫也是这样。

郅都负责长安治安时,执法严苛,毫不避忌,连皇亲国戚见到他也不敢正视。也许郅都的冷酷无情已经外化,以致他的眼睛像鹰这样的猛禽一样冰冷而又锐利,所以人们称他为"苍鹰"。苍鹰的利爪对准了景帝手指的方向,百发百中,无往而不利,难怪景帝为了保他而不惜得罪母亲。

景帝不会不知道郅都严苛冷酷的作风,为什么把自己的儿子、前太子刘荣交给他审问?刘荣毕竟是景帝的儿子啊!这里面的道理太过深邃奥妙。不过有人将郅都背后、逼死刘荣的主谋者说成是王娡,却很难服人。

郅都又把他的强硬作风带到了边关雁门。匈奴人听说他的狠绝,知道有他坐镇,再也不敢寇犯雁门。据说,匈奴人雕刻了郅都的木像作为练习射箭时用的箭靶,因为慑于郅都的凶名,竟然没有一个匈奴战士能够射中。

这大概都是编出来的夸张故事。世上哪会有这种事呢?除非是匈奴人的雕刻工匠技艺太过高超,以致他虽然可能没见过郅都,但足以把他那种冷酷无情的神情完整地表达出来，影响到射箭战士的心神，使自小骑射的他们在放箭的一刻突然失手。

郅都所作所为令人侧目，他却不知窦太后也静悄悄地把刀架在了他的脖子上。自郅都官拜雁门太守后，窦太后就一直暗暗搜集他的罪证。"欲加之罪，何患无辞"？景帝还为他辩解，说他是忠臣。

"临江王独非忠臣邪？"太后怒不可遏地回道，声音尖利刺耳，景帝再没话说。一代酷吏，"苍鹰"郅都就这样被砍了头。

西汉初年，位极人臣的多是贵族，因为他们的祖先追随刘邦打天下，依功一一封爵。而郅都这样底层出身的人，想要出头只有"讨皇帝的喜欢"。郅都明白景帝想要什么，他做了这样的角色，又或者他本来就是这样的人，景帝只是给他提供了一个舞台，让他通过行动和念白把其冷酷无情淋漓尽致地展现。不管怎样，二者一拍即合，配合得十分默契。但是，像他这样剑走偏锋，不管乱世与否，一味"用重典"的人是不可能长久的。因为他的心只忠于皇帝，不管自己要面对什么，要面对什么样的对手，要面对什么样的风险；因为他的荣华富贵都是皇帝给的！而在这个国家里，很多事情皇帝也做不了主。也许郅都也知道最终不会有什么好下场，但这是他的选择：与其灰尘一样默默无闻地静伏，还不如烈火那样痛痛快快、轰轰烈烈地燃烧，哪怕最后烧成灰烬！

郅都的这把火之所以烧得这么旺，不仅仅是因为他不怕死、不在乎，更重要的是，他为景帝和一些人除掉了绊脚石，所以他的作为和死亡，几乎成了理所当然。这是"文景"到"武帝"，社会转型时期特有的现象，郅都绝非个案。

第七章

朝中有狼,后宫有虎

汉武帝鹰隼展翼

景帝后元三年（公元前141年），汉景帝病故，刘彻即位，是为武帝，尊祖母窦漪房为太皇太后，母亲王娡为皇太后。此时，武帝年仅十六岁。

这个十六岁的少年，在他坐上皇位的那一刻，第一次真正发现手中巨大的权力——这个国家辽阔的版图，庞大的人口数量，那些延绵无尽的山川，那些奔腾不息的河流……

景帝平定了七国之乱，诸侯王势力大削，再加上几代皇帝的休养生息，汉朝早已摆脱了刘邦时期的一穷二白，变得富庶繁荣起来。豪强冒起，匈奴寇边，制度简陋不敷于用，这是武帝初期国家面临的主要问题，而诸侯王也在新皇登基之际虎视眈眈。因此，贾谊、晁错等人提倡的改革和创制又重新提上日程。

公元前140年，武帝以"建元"为年号，此为中国"年号"之始创。"建元"有"创始"的意思，表明了武帝革新改制的决心。

武帝深知，个人的力量是有限的，尤其他刚刚登基，羽翼未丰，很需要帮手。于是诏令中央和地方的各级行政长官推举人才，"举贤良方正直言极谏之士"。而满朝文武或许在"黄老之说"的气氛里待得太久，毫无奋发的劲头。所以武帝改革的第一步就是换人，换上自己的人，他要"站得稳，行得动"。

景帝死前，留下卫绾做武帝的丞相。卫绾被景帝选中，是因为他是个仁厚的长者，勤恳任劳，从无怨言，与条侯周亚夫形成了鲜明的对比。其实卫绾原来是"代王"刘恒的车夫。因为卫绾膂力惊人，车技高超，很受刘恒的喜爱。后来刘恒被周勃迎立为皇帝，卫绾就跟着他进了长安，做了郎官，不久又升任中郎将。

刘启是个有心机的人，他做太子时，曾多次设宴招待文帝左右近臣，卫绾也在列。然而，每次接到太子的请柬，卫绾总是称病不前。虽然太子是将来的天子，但他现在仍只是太子，忠臣不事二主，卫绾觉得应该小心谨慎一些。

果然，此举得到了文帝的赏识。文帝临终前，对景帝说，要善待卫绾，他是长者，可以信任。不过景帝对卫绾不来赴宴一事始终耿耿于怀，所以一直没有起用他。后来，汉景帝游幸上林苑时，叫卫绾随车侍奉。景帝拍着他的肩膀问道："从前我请你赴宴，为什么总是等不到你呢？"卫绾吓得伏地叩头："当时臣确实是有病在身。"景帝看了一会儿伏在地上的卫绾，不再重提这件旧事。于是召左右来，要赏赐佩剑给他。

谁知卫绾再次拒绝景帝。原来，文帝曾赐给他六把宝剑，卫绾都供奉在家，皇恩浩荡，卫绾不能再接受景帝的赐剑，害怕无福消受。景帝问道："人们时常更换、买卖佩剑，怎么你却一直留着这些宝剑？"于是命他从家里拿来。六把宝剑，剑鞘的颜色尚新，拔将出来，每一把都泛出闪闪寒光！景帝感动至深，从此对卫绾另眼相看。

后来，卫绾受命招纳河间猛士平定七国之乱，因战功升为中尉。三年后，又以军功封侯。卫绾是栗氏的亲戚，景帝废刘荣、栗姬，卫绾因而受到株连，但景帝怜他忠厚，只是将他免官归家。不久，景帝立刘彻为太子，于是任卫绾为太傅，不久又升为御史大夫，掌管刑狱。又过五年，卫绾就做了丞相。

卫绾信奉黄老政治，行事谨慎小心。他任丞相，只起上传下达之作用，"朝奏事如职所奏"，对于朝政大事，他却往往粗略不计。而汉武帝崇尚儒学，即位后结束了黄老政治的统治，卫绾遂以不称职之名被罢免。

小试牛刀，发兵东南

国不可一日无君，国亦不可一日无相。武帝开始考虑新丞相的人选了。

汉初的官员很多是选自功臣贵族子弟，这些人很快就用尽了，到武帝时，可选择的空间就非常小了。最有机会的是两个外戚，窦太后的侄子魏其侯窦婴和王太后的弟弟田蚡，两人都好儒术，是儒家信徒。后来武帝拜窦婴为相，这都出自田蚡的运作。

景帝去世后，武帝封田蚡为武安侯，一时成为朝中红人。田蚡本想自己做丞相，却让管家籍福劝止。籍福说，如果皇上拜您为相，您也一定要推辞，把相位让给魏其侯。您现在刚刚发达，还无法与魏其侯相比。魏其侯是窦太后的侄子，显贵已经很久，况且他在平乱中立有大功，天下英才都归附他。魏其侯当上丞相，您至少也会坐上太尉。太尉与丞相同属三公，您也同时得到让贤的谦逊名声。

田蚡认为籍福说得对，于是入宫向王太后说明心意，太后再把话递给武帝，于是拜窦婴为丞相，拜田蚡为太尉。

但要行儒道，窦婴、田蚡都没有这个学问，于是窦婴向武帝举荐了赵绾和王臧，两人同是当时儒学巨擘鲁申公的弟子，从申公学《诗》。申公当时已有八十多岁了。武帝还是太子时，王臧便是他的老师。于是拜赵绾为御史大夫，拜王臧为郎中令。

首先就是立明堂。

上古时政教合一。所谓"明堂"，就是古代帝王宣明政教、举办大典、祭祀祖先的地方。

武帝迷信，对祭祀鬼神之事特别感兴趣。他本是个精力充沛、好奇心强的人，外加少年心性，对立明堂这样的"形象工程"自然是直流口水。

可是明堂太遥远了，赵绾、王臧也不太知道明堂是个什么玩意儿。于是武帝派出使者，"束帛加璧，安车以蒲裹轮"，隆而重之地将申公从鲁地请过来。武帝对申公闻名已久，他见申公，大概就像是在困顿迷途之中瞧见了光亮，激动得不得了。

武帝问："我该怎么做？"

申公满头白发，打呵欠似的说："少说话，多做事。"

武帝掩住失望的神色，拜申公为太中大夫，"议明堂事"。

接着是令诸侯就国。这就比较难办了，因为各位诸侯都不愿意。原来，诸侯的食邑虽在外地，但他们多数娶了皇家的公主，别说他们自己不愿意回到穷乡僻壤，身娇肉贵的公主也不愿意。其实这件事很让人费解，因为这个"令诸侯就国"的诏令并没有什么实质利益，但它却表明了武帝改革的决心。

此外的各项政令分别是：

（1）除关。武帝之前，各国各有关禁。武帝废除关禁，既是要装出一个"不设防"的盛世气象，更重要的是这对瓦解诸侯国的"占山为王"的状态很有助力。

（2）仿周礼而创汉制。武帝欲行儒道，而儒道的源头在周，故这条诏令的颁布是理所当然。

（3）贬谪诸窦宗室，其"毋节行者"，削除爵位。这就直接涉及人事的调动、豪族的利益了。这个针对窦氏宗族的法令，是武帝对窦

李广射石图 清 任颐

苏李泣别图轴　明　陈洪绶

太后的一种挑衅，一种试探。窦氏家族的人果然暗中向太后抱怨。

这时候，闽越攻打东瓯，东瓯遂向汉朝告急。闽越即是今天的福建，东瓯即是今天的浙江、闽北地区，两国同属越人，风俗相近。自秦末大乱之际，闽越东瓯等纷纷独立复国，日益强盛。

原来，吴王刘濞的儿子刘子驹藏在闽越，他怨恨东瓯在父亲刘濞败逃投奔的时候将他杀害，所以总是怂恿闽越国王对东瓯用兵。

消息传到长安，武帝廷议时让群臣商略。太尉田蚡首先发言，他认为越人之间互相攻击，这是自古以来就有的事，根本无须奇怪，更不要说劳民伤财地发兵去救。越地多是蛮荒之地，就算我们打赢了，又有什么实际的好处呢？秦朝时就已经把它放弃了。

武帝正思索田蚡所说的话时，有个人站了出来痛斥田蚡的见死不救。这个人名叫严助。严助是严夫子严忌的儿子，武帝即位之初"举贤良方正"，严助是第一批入选之人，深受武帝赏识，常常替武帝与那帮他看不入眼的老臣当朝辩论，不久武帝擢升他为中大夫。

严助分析说，救人这件事，就怕自己的力量不足以救援，恩德无法泽润到东瓯，如果有这个力量和本事，为什么不救？秦人放弃越地，我们就要放弃吗？秦人连咸阳都放弃了，何止区区越地！现在东瓯前来求救，若陛下不能救援，他们还能到哪里求告呢？我们大汉又如何统领万国呢？

严助言辞犀利，字字铿锵，武帝听了这么热血的议论，立即说："太尉不足与计。"

于是武帝令严助带兵救援东瓯。战国以来的军制，是发兵必须有虎符作为凭信。虎符分为两半，一半在君主手中，一半在将帅手中，两半合在一起才能发兵，所以当初信陵君要"窃符救赵"。

也许是因为虎符掌管在太皇太后那里，不在自己手里，也许是为了考验严助，具体的情况很难知晓。总而言之，武帝没把虎符交到严助的手中，这就要看严助的机变智谋了。

严助持着武帝所赐的旌节来到会稽郡。

严助对郡守说:"皇上刚刚登基,不想动用虎符,烦请你发兵。"

"没有虎符就想发兵,这形同谋反。"郡守援引汉朝法律拒绝了严助。

狠话都已经说了出去,如果无功而返,就不仅仅是面子的问题了。严助一咬牙,扯过郡守下的一个司马,抬手就是一剑。司马的人头沿着阶梯滚落,血痕斑斑。郡守看得眼珠子都快掉下来了。

严助之后大呼道:"有敢违天子命者,下场如是!"

于是郡守发兵火速救援东瓯,汉兵未至,闽越兵闻风而退。

一个成功男人背后的女人们

武帝和他的新政伙伴正忙得不亦乐乎，太皇太后窦氏居住的长乐宫却毫无动静。太皇太后并没有"退隐"的打算，她静静地观看着这一切的发生。这时候，御史大夫赵绾上书奏请"无奏事东宫"，这激怒了窦太皇太后。她开始暗中搜查赵绾、王臧犯法的罪证。

如果说武帝是阳谋，太皇太后就是阴谋，当绝对实力不足以压制对手的时候，阳谋岂是阴谋的对手？

赵绾、王臧于是下狱自杀。十八岁的武帝第一次这么接近死亡，且死者是他的老师，他的新政的拥护人。他想起了申公。当他向申公问计的时候，这老人家只是说了句"少说话，多做事"。

武帝有些心灰意冷，太皇太后已经从精神上击垮了他，这是个不可战胜的对手，至少现在是。所以，随她怎么样吧。于是窦婴罢相，田蚡免职。申公也只能返回鲁地养老。

千呼万唤的"建元新政"就这样黯淡收场，这里有一种静悄悄的尴尬，大家都装作什么也没发生。

日日夜夜，武帝都在回想这次挫折，他并不甘心就此罢手。政事不顺也就罢了，后院也跟着起火。阿娇整日在发脾气，究其原因却都是些鸡毛蒜皮的小事。

皇帝、皇后都在盼望着彼此的安慰和重视，然而却不关心对方，尤其是刘彻，他已受够了阿娇的蛮横，所以来她这里的次数越来越少了，多数时间都是在其他妃子那里过夜，又或随便找个顺眼的宫女共眠。这激起了阿娇的妒性，每天只能拿摆设出气。

可越是这样，武帝越烦，对阿娇也越失望。最重要的是，几年下来阿娇竟然还没有怀孕的意思。武帝急，长公主刘嫖更急。她知道，皇后无子，地位不稳，于是长公主在全国搜罗医治"不孕"的方子。可即使如此，阿娇的肚子也是丝毫没有起色。

这时候，王太后看不下去了。她召武帝来，要他善待阿娇。武帝正烦着政事，哪里听得进这些，只是敷衍地点点头。王太后揪住他的耳朵，跟他说："已经得罪了太皇太后，现在又对阿娇不冷不热的，是不是想把长公主母女推到太皇太后那边去啊？你才登基几天，忘了自己是怎么上来的了？没有长公主，你现在还是天子吗？"

一语惊醒梦中人，武帝于是又去皇后那里不时坐一坐，终于把自己和长公主的紧张关系缓和下来。

卫家姐弟俩

阳信公主嫁与曹参的曾孙平阳侯曹寿为妻,因此又称为平阳公主。

武帝刚一进门,平阳公主就看到他闷闷的脸色,请他入座,又找来府上所有的美女,将她们精心打扮一番,进献给武帝。武帝扫视一遍,没有一个满意的。于是平阳公主又招人来唱歌跳舞。

一个歌女酒窝浅浅,从众多歌女中脱颖而出,看得武帝两眼放光。平阳公主顺势让这个歌女在此伺候。这个歌女,就是卫子夫。

当夜武帝回宫,就把子夫带了回去。可是第二天武帝就把子夫给忘得一干二净。

一年以后,武帝决定释放一批宫女回家,其中就有卫子夫。再见伊人,武帝忽然想起了车厢里的那一夜,一时怔住说不出话来。子夫泪垂如箸,请求放她回家。武帝怎会舍得她离去,就把她留了下来。

或许是因为久别重逢带来的激情,不久,卫子夫有孕的消息传了开来。武帝高兴得笑不拢嘴,于是封子夫为夫人,这是皇后以下级别最高的妃子。

这激起了皇后阿娇的妒性。为了打击卫子夫,阿娇将目标锁定在卫子夫的弟弟卫青身上。

卫青是平阳县人，字仲卿，他和子夫的母亲卫媪是平阳侯（此平阳侯应是曹寿的父亲）的小妾，父亲郑季本在县中为吏，后来到平阳侯家里做事，于是与卫媪私通，生了卫青。卫青是家奴所生，一生下来就做了奴仆。卫媪无暇照顾他，就把他送回给郑季。郑季家里原是有妻子的，这妻子也为他生了几个儿子，他们都不把卫青当兄弟，只叫他放羊。郑季也不为他说话。这样，年少的卫青整日对着羊群，对着山上的枯风，人变得沉默起来。

卫青就这样慢慢长大。

后来，卫青做了平阳侯家的骑兵，后又随卫子夫入宫，在建章宫行走。

阿娇同母亲长公主合谋，想趁机将卫青掳走。正要下手的时候，卫青的好友郎官公孙敖和其他壮士破门而入，把他救了回来。这次鬼门关前的经历，卫青深深藏在心底。

武帝却立刻明白了这是怎么回事。他招来卫青，任命他当建章监，加侍中官衔，以示恩宠。他的同母兄弟们也都得到赏赐，数日之间竟累积千金之多，个个显贵。卫媪的大女儿卫孺嫁给了太仆公孙贺。二女儿卫少儿同陈掌私通，武帝便招来陈掌，赐他官做。公孙敖救了卫青，因此也越来越显贵。不久，武帝又升卫青为大中大夫。

从此，武帝与卫青更亲近了，将他倚为助臂。

行巫蛊陈阿娇困锁长门

除了宫外的外戚，宫里的女人们也不让武帝省心。其中，又以皇后陈阿娇为首。

宫内的女人，抬头见天空，低头见宫墙，出又出不去，所以她们唯一的期望都倾注在宫里面唯一的男人——皇上的宠幸。所以后宫争宠，争的也未必尽是荣华富贵，也许不过是这些沉溺在永恒寂寞的河流里的人借以对抗和挣扎的手段。

自卫子夫受宠，又为武帝生了儿子刘据之后，阿娇的地位一天不如一天。她的幽怨慢慢转化为怨恨，不过她恨的人并不是武帝刘彻，而是卫子夫。

对付狐狸精，自然不能用平凡手段。所以阿娇请来了巫师，准备用巫蛊之术来咒她。不想子夫并没有死，而她行巫蛊的事情却败露了。武帝这时正想彻底摆脱姑姑兼岳母——长公主刘嫖的摆布呢，于是找来狱吏张汤来审这个案子。

张汤是杜县人，他小的时候就展现了审案的天才。他父亲是长安县丞，主管文书和仓狱，看来张汤的审案天赋有几分是家传的。有一次张父出门公干，留下还是孩子的张汤自己在家看守。可是等张父回来，却发现家里的肉少了许多，余下部分的上面还有老鼠的齿痕。于是把怒火浇在张汤身上，抽了他饱饱一顿鞭子。张汤没有哭，他只是在家里四处掘地，找到老鼠洞，将老鼠和它没吃完的肉都找了出来。

张汤并没有直接将老鼠杀死泄愤了事，而是创造性地反复拷打、审问老鼠，并把老鼠窝里的剩肉取来作为证据，用以和老鼠对质。最后张汤将审问的过程写成罪状，报告给自己，然后惊堂木一拍，将老鼠分尸处死。

张父看到了张汤审案的过程，又看了他老辣如同资深狱吏所写的判词，惊讶得合不拢嘴，这才发现自己的儿子是一个判案的天才，于是找来断案文书，供他学习推敲。张父死后，张汤袭任了父亲的职位，在长安做了很长时间的狱吏。由于他判狱的狠辣和天才，田蚡看中了他，提拔他做了补侍御史。

在陈皇后巫蛊案发后，武帝选中了张汤作为案件的主审。按说，这种涉及后宫的事最好由宗正来审理，然则武帝起用张汤的意图也就很明显了。

张汤没有让武帝失望，他迅速将涉及巫蛊的、阿娇宫里的三百多人全部判罪诛杀。至于阿娇，则由武帝亲自处置。武帝的诏书是这样写的：

"皇后失序，惑于巫祝，不可以承天命。其上玺绶，罢退居长门宫。"

没有几年，阿娇就在痛苦和冷清中去世了。

第八章

田窦交恶难安国

同是天涯失意人

时间斗转星移，玩了一辈子权术的太皇太后窦氏薨，窦氏家族也随之衰落。武帝决心继续改革，以竟当初未竟之事业，遂任命他的舅舅田蚡为丞相，同是外戚的窦婴却闲置在家。

太史公对窦婴的评价是"任侠自喜"，意思是窦婴是一个非常任性的人。七国之乱的时候，景帝想起用窦婴，任他为将勘定叛乱。窦婴却推脱有病，不能胜任。其实，这是因为反对景帝传位梁王，后被窦太后疏远，所以在跟她赌气。景帝劝他，说这是国家兴亡的关键时刻，你身为国家重臣，怎么可以推卸责任呢？于是窦婴才出山，后来与周亚夫一起立了大功，列侯中没有敢跟这两个人平起平坐的。

景帝七年的时候，栗太子刘荣无罪，景帝却因为其母栗姬的关系想要把他废掉。魏其侯窦婴是刘荣的老师，所以多次为刘荣求情争辩。可是争来争去，景帝只是不听，栗太子就这样被废了。窦婴于是再次称病，几个月都不来朝，只躲在蓝田县南山下隐居。许多人来劝他，他都一概不听，继续窝在那里钓鱼散步。有一天，一个叫高遂的也来劝他。高遂说道："您过去是太子太傅，太子被废不能为他力争挽回，尽了力又没有效果，也不能因此自杀殉职。能使您富贵的是皇上，与您亲近的是太后，您现在这样托病不出，整日拥着美女，岂不是要彰显皇帝的过失？若太后和皇帝都来加害您，那不仅您无法自保，妻子儿女也要被株连殆尽。窦婴听高遂所说，惊出一身冷汗，于是起身回朝，如往常一样侍奉景帝。

丞相刘舍被景帝罢免，窦太后这时想起了自己的侄子窦婴，几次向景帝推荐他。景帝却对太后说，您真以为我舍不得把相位给他吗？只不过窦婴这个人，沾沾自喜草率轻浮，丞相上承天子下领百官，责任重大，不是魏其侯这样的人能够胜任的。景帝说得很对。

天下熙熙，皆为利来，皆为利往。窦婴"不中用了"，在他身边也没什么机会了，于是窦婴辉煌之时依傍在左右的宾客和朋友一下子走得一干二净，纷纷去投奔正炙手可热的新丞相田蚡，只余窦婴一个人独自发呆，看着萧瑟秋风卷起院子中的枯叶。

现在魏其侯从高高的相位上掉落下来，其失落是不言而喻的。倘若这时候他能静一静，仔细想想自己来时的路，也许就会顿悟，超脱名利等外物的羁绊而立地成佛。可是他偏偏没有这样一个静一静的机会，因为同样失意的将军灌夫来到他的身边，两个失意人很快无话不谈，成了可在对方身上取暖的"患难之交"。然而交上灌夫这个人，实在可以说得上交友不慎。

灌夫，字仲孺，颍阴人，他本姓张。父亲张孟曾是颍阴侯灌婴的家臣，深得灌婴的信任和宠爱。张孟于是冒充自己姓灌，靠着灌婴的推荐，当上了秩级两千石的高官。灌婴去世后，他的儿子灌何袭任颍阴侯的爵位。吴楚之乱时，灌何归太尉周亚夫调遣，在他麾下做了将军。他向周亚夫推荐灌孟（张孟），周亚夫命他做校尉。那时候，灌孟已然年老，身体精神都大不如前，所以儿子灌夫随侍身边，带着一千人跟着父亲一起从军。灌孟虽然力衰，但是仍然不服老，每次作战总是冲在最前面，而且他所进攻的方向都是敌人阵地里最坚实的部分，终于战死沙场。

当时的制度是，父子俩一同参军，若其中一个战死，则另一个可以退出战场，护送死者的灵柩回家。但是灌夫继承了父亲的勇猛彪悍，坚决留在这里，并扬言要亲手砍掉吴王或吴将的头颅，以祭父亲的在天之灵。灌夫豪爽威武，在军中的人缘很好，他披甲执锐，召集了几十个勇士，想要冲进敌营厮杀。可是刚刚走出营门，众人你看我我看你都不挪步，只有灌夫和他的奴隶，一共十几个骑兵冲杀到吴军军营里。吴军毫无准备，灌夫等人于是一直冲到吴军军旗之下，杀伤了几十人。到终于无法前进的时候，才策马返回汉营。来得容易，要走就难了。奴隶都战死了，唯有他一个人孤零零地回来，满身的十多处重创，叫人看了触目惊心。若不是有名贵药材医治，灌夫必死无疑。灌夫的伤势刚刚有点起色，便向灌何请缨出战。灌何嘉奖他的勇气，却怕他就此一去不返，于是将情况报告给周亚夫。周亚夫按着灌夫，坚决不让他出营。

战乱平定后，灌夫名震天下。颖阴侯灌何向景帝举荐灌夫，景帝于是任命他为中郎将。没过几个月，灌夫便犯法丢官。灌夫是个莽汉，不喜欢读书，平时只爱舞刀弄枪，任侠使气，他也的确颇有侠风，凡是允诺别人的事，没有不办到的。他的财富迅速累积，很快便有了几千万，每天出入门庭的食客少则几十，多则上百。与灌夫交游的，不是名重天下的豪杰，就是大奸大猾。

景帝任灌夫做代国国相。武帝即位后，又因他的勇猛而叫他担任淮阳太守，再后来又调他为太仆。灌夫为人直爽刚健，不喜欢奉承人，又好发酒疯。他是家奴所生，出身低贱，所以骨子里有一种自卑的反叛。所以，凡是地位高于他的人，又或是势大财雄的皇亲国戚，灌夫不但不尊敬，反而总是想办法在大庭广众之下当面折辱他们。可是对于地位低下的人，他却尊敬起来，甚至越是地位低贱，他对他们越是恭敬。士人们因此就对他更加地敬重。

灌夫定居在长安，长安城里的显贵个个都对他竖起大拇指。长乐宫的卫尉窦甫是窦太后的兄弟。有一次，灌夫与窦甫喝酒，醉酒发酒疯，因为一些细枝末节的礼数问题，将窦甫给打了。武帝深知窦太后的护短，怕灌夫因此被杀，于是学着景帝调走郅都的办法，将灌夫调到燕地去做相国。灌夫真是闲不住啊，几年后不知怎的，竟然再次犯法，于是再次丢官。

灌夫闲居在家，虽然富有，但失去了权势，周围的人也就渐渐少了。窦婴和他同病相怜。窦婴想借着灌夫的力量报复那些见风使舵，离弃他的人；灌夫也想借着与窦婴这样名震天下的皇亲侯爵交往，来抬高自己的身价。两个人一拍即合，相见恨晚。

凡是在人情世故上幼稚的人，在政治上也必然非常幼稚。栗姬如是，亚夫如是，灌夫也如是。这种人都可以称为孩子。窦婴本身也是个孩子，没人跟他一起疯的话，也就罢了，这时候却来了一个比他更孩子气的灌夫，两个人互相借着疯闹的胆子和意气行事，却不知大祸将至。

田窦之交甘如饴

田蚡精于巴结逢迎。身材五短、相貌丑陋的他能当上丞相，完全是因为他的姐姐王太后。

武帝刚刚即位，诸侯王多是武帝的叔伯，武帝压制不住他们，权位还不十分稳固。田蚡是他的舅舅，所以武帝就把他升为丞相，倚他为心腹。田蚡进宫奏事，武帝与他一聊就是一上午，可见其受宠程度之深。

田蚡得势后，窦婴的那帮宾客都跑到了他那里。而从前窦婴显贵的时候，王娡虽受景帝宠爱，被封为美人，田蚡却只是宫里的一个郎官，加上他较窦婴年轻不少，所以酒宴时，他都是执子侄礼跪到前席，再向窦婴敬酒。当然，风水轮流转，现在轮到田蚡发达了，他也果然不负所望，完美地演绎了什么叫"人一阔，脸就变"。

但田蚡也并非一无是处，他通古文，学过《槃盂》，传说这书是黄帝的史官孔甲所作。此外，田蚡还长有一副伶牙俐齿，往往能无理辩三分。

乃姐去世，灌夫服孝在身。可是他本是个闲不住的人，于是去拜访新丞相田蚡。灌夫蔑视权贵，这是人尽皆知的事，若非窦婴也一样的"任侠"，灌夫恐怕也不会找上他。然则田蚡也是权贵，灌夫去他家拜访就有些怪了。唯一的解释是他是为了窦婴去的,希望借助田蚡和他背后王太后的力量,重新让窦婴走上政治舞台。果然,两人聊着聊着,就聊到了窦婴身上。

田蚡说,我正想与你一同去拜访魏其侯呢,可是现在你有丧在身,不太方便啊。

灌夫听到这话,兴奋得差点跳起来,冲口而出道:"原来你竟肯屈尊去看望魏其侯,我身为他的朋友,怎肯因服丧而推辞呢?我这就去通知魏其侯,请他打扫门庭,装饰府邸,置办酒席,您明天一定要早点光临。"

田蚡一点头,灌夫就一溜烟儿似的跑了。其实田蚡只是逗他玩儿,哪有半分赴宴的意思?

灌夫赶到窦婴那儿,将情况说了。窦婴得知丞相要来,于是与夫人特地多买了酒肉,半夜就起来打扫房子,一直布置到天亮,却一点不累,兴奋异常。

天亮之后,灌夫也风风火火地赶来,加入了延颈等候的队伍。可是一直等到了中午,还是不见田蚡的人影。

窦婴对灌夫说:"丞相不会忘了吧?"

灌夫气呼呼地说:"我不管丧服在身,仍然履约赴宴,丞相太过分了。"于是驱车,亲自赶到丞相府去迎接田蚡。

到了相府,问起守门人,才知田蚡仍在睡觉。灌夫忍着气,进门叫见田蚡,说:"昨天我与丞相约好了,说今天一起来魏其侯窦婴府上赴宴。魏其侯夫妇从早晨等到现在,没敢下一筷子,吃一点东西,您却在这里睡觉!"

田蚡揉揉惺忪睡眼,装作大吃一惊的样子说:"哎呀,昨晚喝过头了,竟然把此事给忘了!"

于是与灌夫一同驾车前往。灌夫心里惦记着窦婴夫妇,急得胡子一掀一掀的,可是田蚡的车却走得很慢。田蚡坐在车上,看着街道两旁列着的各样小摊和热热闹闹的人群,脸上笑吟吟安详如弥勒佛。灌夫看在眼里,心中更加生气。

好不容易到了窦府,酒宴一开,大家都很尽兴。这时候灌夫已有些醉了,他心底积压的不满随着酒气一点点上涌,于是离开席子,来到厅中央跳起舞来。灌夫手里还拿着酒杯,一边跳一边喝,还招呼田蚡,要他过来一起跳!灌夫等了半天不见田蚡有起身的意思,毛驴的蛮劲儿发作了,开始讥讽田蚡。

窦婴看出了灌夫的"不对头"来,于是起身将他扶起,又叫人把他送回家,然后才回来陪田蚡喝酒。

很久不见,窦婴和田蚡在酒桌上自然有很多话要说。窦婴是个任侠的血性汉子,而田蚡只是个阿谀奉承的小人,但别以为这样两人就喝不到一起去,酒是一个非常奇妙的东西,它能让很多不可能的事变为可能,更何况窦婴现在是隐隐地把希望寄托在田蚡身上呢。

田蚡在窦婴府上喝到深夜才起身离去。宾主尽欢。

道不同不相为谋

《诗经》说:"投之以木瓜,报之以琼琚。匪报也,永以为好也。"意思是说,你送给我木瓜,我还你宝玉,这不是回报或交换,这是我们永远相好的约定。

这首诗除了可以用来表达爱情,也可以用来表达友情,君子间的友情。遗憾的是,人是要吃饭的,所以总难摆脱名利。更要命的是,每当你想摆脱名利的时候,"名"和"利"已经在你心中了。

世上有所谓"纯"这回事吗?窦婴与灌夫的友情起初也不是那么纯粹吧,两个人各有所需嘛。但是,友情经过时间的淘洗是可以慢慢升华的,当你为了"朋友"可以不顾一切、甚至牺牲性命的时候,你们就成了真正的朋友。

窦婴和田蚡喝酒。两人算不上朋友,唯一的共同爱好就是儒学,可是田蚡是半路出家,他是知道儒学"将有大用"之后才改投儒派的,是个投机分子,所以他们两个顶多算是同被太皇太后窦氏一起贬官的难友。既然不是朋友在一起喝酒,为什么还喝得那么开心?窦婴对田蚡是有所求的,田蚡心里十分清楚,窦婴这个"任侠使气"的人却不甚明白。窦婴与田蚡交往,是感情诉求和利益诉求二者的混合物。

窦婴想，过去田蚡向他敬酒都要跪着来，虽说如今他当了丞相，但我这样隆而重之地延请他，已算是折节下士。按照"你敬我一尺，我敬你一丈"的君子交往规矩，现在我已敬了你一尺，所以轮到你来敬我一丈了。就算你不向皇帝举荐我，至少也应该多来看看我，让那帮离我而去的门客羞愧自惭。

田蚡却不是这样想的。他觉得窦婴再没有东山再起的机会了，因为太皇太后已经不在了，以后都是姐姐王太后和他们这些娘家人的天下！所以他的想法是，既然你有求于我，那么就要拿出足够多的筹码来打动我的心。

窦婴是既讲情又讲利，他认为自己"折节"请田蚡吃酒宴，付出的已经足够多了。而这顿酒席在田蚡眼里简直就是笑话。于是他派管家籍福来到窦家。籍福，也就是那个此前劝田蚡把相位让给窦婴的门客。

籍福并非第一次来见窦婴。在窦婴拜相的时候，他就曾劝过窦婴，说："您天性耿直，喜爱好人而厌恶坏人，您能登上相位，是因为当今的好人推举您，可是从此立于高位，自然也少不了有坏人来诽谤您。若您能够江海不择细流，泥沙俱下，兼容好坏的话，您的相位就能保持长久。"窦婴能当上丞相，籍福是出了力的，此后他又来"教"窦婴为相之道，可见他对窦婴的爱护。

这次他却不是来与窦婴谈论人生道理的，而是奉了田蚡的命令，来向窦婴索取他城南的土地。窦婴愤愤地说："田蚡虽然贵为丞相，我虽然废弃在家，但他怎能如此强横地来抢夺我的土地？！"当时灌夫也在场，暴躁脾气火药一样被点燃了，大骂籍福狗仗人势！窦婴于是头也不回地拂袖送客了。

籍福却不生气，他心里明镜似的，怕两边人因此结仇，于是自己编造了谎话来回复田蚡，说："魏其侯年岁大了，没几年就要死了，您还是等等吧。"可是纸包不住火，大概是灌夫跟人说了此事，又借机大骂田蚡，所以话传到了田蚡的耳朵里，叫他知晓了前因后果，于是非常生气，骂道："我服侍魏其侯的时候，任劳任怨，他的儿子杀人也是我出了大力才能够挽救，想不到他竟然舍不得这几亩土地！灌夫又算哪根葱，凭什么管我和魏其侯的事？现在就算他来求我收下这块地，我也不敢要了！"从此以后，田蚡心里十分怨恨窦婴、灌夫二人，籍福的努力和委曲求全都白费了。

元光四年（公元前131年）春，田蚡向武帝奏事说，灌夫的族人在颍川一带横行霸道，无法无天，百姓深受其苦，请皇上派人查办。武帝说，这等小事本在丞相职责范围以内，何须请示？田蚡以为把武帝拉下水，有了皇帝在自己背后撑腰就可以置灌夫于死地。谁想到灌夫并非俎上的鱼肉，他也抓住了田蚡的把柄。

八年前，淮南王刘安入长安朝见天子，同时献上他和手下门客一起编纂的《淮南子》。其实刘安编著《淮南子》并非简单的"爱好文辞"，热衷学术。而其崇尚黄老之学，也暗暗与窦太后相契合。当时武帝欲行儒术，这就得罪了主掌大权的祖母太皇太后窦氏。窦太后当时极有可能起了废立的心思，这股风从长乐宫吹散了开去，于是把刘安从淮南逗引了过来。刘安一定很得窦太后的宠爱吧。田蚡时任太尉，算是武帝一党。可是他本就是个随风拂摆的小人，当他知道武帝的皇位不稳，就开始四处联络，想要为自己留一条后路。于是淮南王初到长安的时候，田蚡亲身到灞上相迎，还拉着他的手，挤眉弄眼地说："现在皇上还没有太子。大王您是高皇帝的孙子，仁义之名，天下谁人不知？假若皇上突然发生不测，放眼天下，除了大王您，还有谁有这个资格接任大统呢？"于是"刘安大喜，厚遗武安侯金财物，阴结宾客，付循百姓，谋为叛逆事"。

其时，武帝年不过十八，正是青春大好时光，又武帝身体一向强健，常常亲身与熊、野猪等猛兽搏斗，怎么会"突然发生不测"呢？而刘安听了这话，马上兴奋地送金银财物给田蚡，可见他也认同有这种"发生不测"的可能性。因为他们心里都知道窦太后的权力和手段，这种"不测"很可能如一道闪电随时降临到武帝的头顶。

或许是通过宾客和酒友，灌夫知道了这件事，也许是他太忙了，没有时间理那些陈芝麻烂谷子事；又或者灌夫也觉得这种给自己留后路的做法并无什么不妥。总而言之，他一直没有说出去，也没有将此事告诉武帝。这时候田蚡的刀子捅了过来，他也毫不客气，直接把这张王牌亮了出来——这是谋反的大罪啊。田蚡害怕了，但先出手的是他，他不能就这么服软。好在，这时候双方的宾客也都活动起来，在两家间走动拉劝，于是见好就收，田、灌两人就此握手和解——至少表面上是这样的。

婚礼引发的冲突

两个人有了仇怨，若没有什么和好的契机，干吗还要装作云淡风轻，甚至勉强彼此做好朋友呢？最好的办法是永不相见。

那年夏天，田蚡娶了已故燕康王刘嘉的女儿。王太后下诏，令列侯与皇亲都去贺喜。魏其侯窦婴自然也在其列。魏其侯失势已久，要他孤零零一个人去参加酒宴，眼睁睁看着以前的同僚和依附在自己身边的小人推杯换盏、有说有笑，那真是情何以堪。可是不去的话，又违背了太后的旨意。于是魏其侯去拜访灌夫，想要灌夫跟着他一起赴宴。

窦婴来找灌夫，灌夫却不想去，他说："灌夫我几次因为醉酒得罪丞相，最近又跟他有了嫌隙，去了岂非自讨没趣？"窦婴就劝他说："不是都已经过去了吗？"不待灌夫再说，挽起他的胳膊就往门外走。

酒酣耳热之际，新郎官丞相田蚡起身对客人敬酒，所有人都离开席位，伏在地上，表示不敢当。田蚡笑了，非常得意。到了魏其侯窦婴敬酒的时候，只有与窦婴相得的老友才起身避席，其他的人只是稍稍欠身。

灌夫看在眼里，非常不高兴，他感觉自己要"发酒疯"，可是腹中酒力好像仍然不够，于是自己离开席位，走到厅子中央，一个个敬酒。第一个敬酒的对象自然是丞相田蚡。田蚡只是微微欠身，说："这杯酒我不能喝满。"灌夫心里火大，脸上却装出笑容来，说："您是贵人，这杯酒就托付给您了！"于是仰首干了。田蚡冷冷看着，没有回应他。灌夫又向别人敬酒，到了临汝侯灌贤这一席的时候，灌贤正与邻座的将军程不识耳语。灌夫再也压不住火，戟指大骂道："你平时把程不识贬得一文不值，现在长辈向你敬酒，竟然像女人一样跟程不识咬耳朵说话！"折了客人的面子，就是折了主人的面子，田蚡趁机道："程不识将军是东宫卫尉，李广将军是西宫卫尉，二人向来并称，仲孺这样当众侮辱程将军，还把你最尊敬的李将军放在眼里吗？"其实，灌夫骂的人是灌贤，并非程不识，但田蚡这张利口一下子就把火引到了程不识身上，又借着程不识引到李广身上，可谓用心歹毒，然而他的语气是亲切的，还称呼灌夫的字"仲孺"，其虚伪险恶真的令人发指。他欺负灌夫已经醉酒，更何况即使不是醉酒，也不过是个莽汉，怎么能分辨得清？

果然，灌夫上当了，扯脖子开骂。众人发觉事情不妙，未免殃及池鱼，都借口上厕所离开了，魏其侯也起身，挥手招呼灌夫一起离开。田蚡看婚宴不欢而散，怒道："都是我把你给惯坏了！喝令左右将灌夫拿下。"

席上的籍福起身代灌夫谢罪，并按着灌夫的脖子，要他也一同低头谢罪。灌夫正醉着，忽然感觉有人压着自己的脖子，非常不舒服，于是更加愤怒，就是不肯谢罪。田蚡于是命左右将灌夫绑了，囚禁在相府的客房里，还找来自己的属官长史，对他说："今天我大婚，召列侯和皇亲过来，那是奉了太后的诏令！"于是上书弹劾灌夫以不敬之罪，又老调重弹地派人清查灌夫族人不法的事实，把他们都治罪斩首。窦婴听了这事，愧得无地自容，出钱要宾客向田蚡求情,希望他能把灌夫放了。田蚡已与灌夫撕破脸皮,更有把柄在他手里,当然不会放人,只一心想把灌夫弄死。而灌夫被田蚡拘在客房里,自然也没办法把田蚡结交刘安的事情说出去。

恶田蚡疯狂而死

几天几夜,灌夫消息全无,魏其侯想要为灌夫挺身而出。他的夫人劝谏道:"灌夫将军得罪丞相,跟太后作对,哪里还有得救?"魏其侯说:"侯爵是我自己在战场上冒死换来的,就算是把他丢了,我也不在乎。总不能眼睁睁看着仲孺孤独死去,而我还活着!"灌夫听到这番话,可以死而无憾了。

窦婴瞒着家人,自己跑出来给武帝上书。武帝看了,召他入宫,于是将灌夫醉酒闹事的前后向武帝禀了,并说灌夫罪不至死。武帝认为他说得对,就赏赐窦婴,叫他一起吃饭,说,这事可以到长乐宫去辩论。

其实,武帝心里已经有了决断,他是要放灌夫的,可是为什么把辩论的地方选在长乐宫呢?长乐宫是太后的居所,太后是田蚡的姐姐。这样岂非会给人一种偏向田蚡的错觉?武帝这样做的可能有两个。一个可能是,他还没有从建元改革的失败阴影中真正走出来,他还不是那个乾纲独断的汉武帝,还要看母亲王太后的脸色。把辩论的地方设在东宫,也算是给王太后一个交代。另一个可能是,王太后和田蚡的势力扩展得太快了,武帝有些摸不准,因此借着这次东宫辩论,查看田蚡对诸位大臣的影响力。没想到,事情很快超出了他的控制范围。

窦婴到了长乐宫，极力称赞灌夫的品德优点，说他只是醉酒闹事，丞相田蚡硬栽赃其他的罪名给他。田蚡针锋相对，说灌夫的所作所为骄横恣肆，大逆不道。灌夫的族人平日里确实太过分了，铁证如山，魏其侯于是理屈难言，他知道问题都在田蚡身上，情急之下就控诉他宅邸逾制，贪赃枉法。

田蚡道："如今天下太平无事，我因为是皇亲的缘故而做了丞相。可是我所爱的不过是猎狗、骏马、音乐、田宅，不过是歌舞的伶人和能工巧匠制造的稀罕玩意儿。魏其侯就不然了，他与灌夫日夜腻在一块儿，招募天下豪杰壮士议论风生，说短道长，研究天象的变化，盯着两宫的动静，希望天下大乱好乘机立功。唉，我真是不晓得他们想干什么！"相信看到这个五短身材的胖子说出这么离题万里但又刁毒无比的话来，任是谁也要跌破眼镜。

武帝下问朝臣："他们谁说得对呢？"

这时候御史大夫韩安国站了出来。

韩安国深谙为官之道，他说得非常"有趣"："灌夫的父亲灌孟为国捐躯，灌夫抛却生死，本人荷戟驰入吴军军营，身披数十创，勇冠三军，这是我大汉朝的壮士，若没有大罪恶，只是因喝杯酒起而争执，实在是不该杀头。魏其侯说得很对。可是灌夫作奸犯科，掠夺百姓，家中积累了巨万之资；他的家族横行颍川一带，他本人又屡次侮辱皇族，践踏陛下的骨肉，这就是所谓的'枝大于本，胫大于股'，不惩办他实在危险，所以丞相说得也对。到底怎么办，我这个愚人实在想不出，只有寄望于陛下的圣明裁断了。"临了还不忘去拍武帝的马屁。

主爵都尉汲黯向来刚直不阿，他直接站到了魏其侯一边。他的好友内史郑当时也跟着站在窦婴一边，可是武帝让他陈述理由的时候，他又慑于田蚡的淫威，不敢坚持到底。剩下的人都低下头看自己的脚尖,不出声。武帝没想到事情竟然变成了这个样子,于是把怒气都发泄到郑当时身上:"你平时不是总对我说魏其侯、武安侯的长短奥秘?现在要你说话,你就畏首畏尾,活像辕下的马驹,我要把你们一起宰了!"说完转身就走,跟王太后一起吃饭去了。

辩论一开始,王太后就在论辩现场埋下了眼线,所以对前后过程知道得一清二楚。武帝入席半天,却见太后根本没有动筷子的意思。武帝不知说什么好时,太后怒道:"我还没死呢,他们就欺负我的弟弟。假使我真的不在了,我娘家一族岂不任人鱼肉?皇上难道是石头做的吗(一点主见也没有)?幸亏你还在,他们随声附和、见风使舵,假使你不在了,这帮人还有谁值得信赖!"武帝见母亲发威,道歉说:"窦婴、田蚡都是宗室外戚,不好偏袒,所以召集大臣在东廷辩论。不然的话,随便找个狱吏就能把这事了结了。"

后来,武帝派韩安国对照文簿对灌夫的罪行进行调查,发现魏其侯所说有很多都与事实不符。于是魏其侯被弹劾,给囚禁起来,罪名是欺君罔上。

景帝临终时,曾赐给窦婴一份诏书:"事有不便,以便宜论上。"灌夫一家就要被灭族,狱中的窦婴心焦万分,于是托请探监的侄子,让他把景帝的诏书呈给武帝,以求得到武帝的召见。魏其侯的诏书由家臣加印封盖,一直藏在家中。皇帝的诏书,一般是有两份,一份下发给臣子,另一份备档宫中。诏书呈上,武帝阅后遣人查对尚书保存的档案,其内却并无景帝的遗诏。这下,就不是"欺君"的问题了,而是伪造先帝诏书用以要挟"今上"的大罪,按律当诛。

自身难保的窦婴只能在黑漆漆的牢里想象着好友和他的家人一个个给人砍头。悲愤的窦婴中风了,随即绝食,想要用饿死自己的方式发出微弱的反抗。当年十二月的最后一天,魏其侯在渭城大街被枭首示众。

两个冤家就这样被解决掉了,然而田蚡的日子并不好过。不久,田蚡病了，病得神志不清，整日披头乱发疯疯癫癫地大呼"臣有罪，臣该死"一类的话。这不是"冲撞"了什么吧？家人招来巫师瞧病，巫师用"阴阳眼"查探，说丞相身边有两个人日夜看守，一个是魏其侯窦婴，一个是灌夫，两人七窍流血，利爪森森地向田蚡索命。这巫师大概道行太浅，并无一个"解救调和"的方子，于是田蚡不久就病死了。

田蚡死后，他的儿子田恬继承了爵位。五年后，田恬穿短衣入宫，这是犯了"大不敬"的罪过，于是武帝削其爵位。这时候，武帝已真正适应了自己的皇帝角色，再不需要受母亲的钳制了。

第九章

独尊儒术，三文人的不同活法

百代儒宗董仲舒

武帝与汉朝的前几任皇帝不同，他会写诗，通音律，这样一个爱好文艺的帝王，身边自然会聚集一大批文人，而其中，以董仲舒、东方朔、司马相如最为有名。

"自言本是京城女，家在虾蟆陵下住。"这是唐代大诗人白居易《琵琶行》里的两句诗，是琵琶女自述身世的开端。琵琶女住在"虾蟆陵"。"虾蟆陵"又叫作"下马陵"，传说是西汉大儒董仲舒的陵寝所在地。董仲舒满腹经纶，武帝目之为国士。在他死后，武帝感念他的德行学问，每次来到他的墓前都要下马致敬。此事传了开去，这里就被人称作"下马陵"；日子久了，音讹误为"虾蟆陵"。

儒家的祖师爷是孔子。孔子以后、秦以前，又有许多代表人物，其中最重要的是孟子和荀子。然而这三位都是"在野"的学者——孔子做过司寇，掌管刑狱，可是不久罢官——他们的儒学都只近乎一种纯粹的学术，在春秋战国那个战火频繁的时代，推行仁义的他们是不会有多大市场的。因此，孔、孟、荀这三个人的声音都只在读书人的圈子里发生影响。

董仲舒则不然。他一生经历文帝、景帝、武帝三朝，这三朝都是治平盛世，从前"默默无闻"的儒学这时就发挥了作用。

董仲舒是广川（今河北景县）人，景帝时为博士。这里的博士所指的并不是一个学位，而是指有术业有专攻的专家学者。秦始皇时，为招揽天下贤才，置博士，后有博士七十余人，相当于皇帝的智囊、顾问。汉朝时置博士，却始于文帝。

文帝好刑名之说——刀笔吏登上历史舞台就是始于文帝一朝。景帝呢，在母亲窦太后的影响下，崇尚黄老之说。董仲舒这样的儒生，在文、景两朝自然没有什么施展才华的机会。不过，那时还年轻的他并不灰心，反而更加坚定了钻研学问的决心。"目不窥园"的典故就是出在他身上。传说董仲舒终日埋首经书，这样一连三年，连家里美丽的后花园都未曾踏入一步，可见其专心。在钻研学术的同时，董仲舒还广收门徒，学生太多教不过来，就让先入门的弟子代师授艺，这是先秦以来教书先生的老办法了，并非董的原创。

钻研学问可以看作是个人兴趣爱好，广收门徒则暴露了仲舒内心的不甘寂寞，他要将他的学问传下去，世世代代地传下去。读书人的心里都是有一个大大的问号——读了这么多的书作何用？无非是想登上朝堂，指点谋划，试上一试。更何况，金碧辉煌的朝堂和威仪尊贵的朝服本身就是一种诱惑呢！"春风得意马蹄疾，一日看尽长安花"，清贫的孟郊不也在登科后一洗颓废，神采飞扬吗？可见这是一个千古文人共有的梦。仲舒在等，等待机会，"玉在匣中求善价，钗在奁里待时飞"！

这个机会很快就来了。建元元年（公元前140年），武帝下诏，令中央和地方的各级行政长官推举人才，"举贤良方正直言极谏之士"，然后聚之京城，与天子面对面交流。一时间，蛰伏民间的精英人才鲤鱼争跃龙门般涌了出来。其中自然少不了早已得享大名的董仲舒。

董仲舒没有与武帝当面探讨，他的手段是上书对策。仲舒并非形而下的"器材"或匠人，而是形而上的哲学家。武帝雄才大略，所求亦非一时一地的权谋术数，而是国家的长治久安之道。所以他对仲舒的想法非常感兴趣，故而连续下诏向仲舒问了三次，仲舒也连续地上书，做了三次解答。这就是历史上赫赫有名的"天人三策"。

在"天人三策"里，董仲舒引用并发挥了《春秋》，将自然界的灾异变化和人类社会联系在一起，认为如果人君有道，治国有方，那么就会天降祥瑞；反之，如果人君纵情享乐，不顾百姓死活，那么就会爆发地震、泥石流等自然灾害。这时候，上天还没有放弃自己的儿子——"天子"，所以这些自然灾害只能算是一种警告；可是如果人君还是不知悔改，那么灾害就会越来越多，直至国破家亡，宗庙毁坏。

可以看出，仲舒的儒学不但与孔子不同，与相对较近的孟子相比也大大不同。他的学问里似乎融入了稷下学宫阴阳家邹衍的五德终始、阴阳感应学说。当然，仲舒学问的主体还是儒学，他提出"天人交感"渲染灾异变化，主要是为了约束至高无上的皇帝，因为经过了秦朝的二世而亡，汉初的有志之士已经看出了过分集权的危害，因此被秦始皇废止的分封制又开始在高祖刘邦手下复活。

那么，如何做才是有道呢——这才是董仲舒的重点——当然是兴儒学，不光是兴，而且要定儒学为一尊。其他百家杂说在董仲舒眼里都是胡说八道、惑人耳目的，所以要"悉罢之"。

但他似乎忘了，自己的儒学不是"纯正"的儒学。这世间有"纯正"这一说吗？任何所谓"纯正"的东西，都要追根溯源到其"始祖"，正如纯种的狗和马，人们都能追溯到它的祖先多少多少代，其族谱比大多数人还要健全完备。人们当然可以假设孔子的学问是真正的儒学，那么孔子的学问是哪里来的呢？传说他也曾求教于老子，难道可以说，其实真正的儒家是道家吗？孔子一生里最崇敬的人是周公，他也一直以推行、复兴周礼为己任，难道可以说第一个儒家不是孔子而是周公吗？若真是这样，为什么称儒家为孔门，而不是周门或旦门（周公名旦）？不但如此，仔细推敲《论语》，人们会发现，孔子并非没有法治的概念，只不过他更看重德治和礼治罢了……凡此种种，难道可以说真正的法家都是儒家吗？其实，儒也好，法也罢，都各自有其上古的源流——这个问题是说不清的，因为时代太久远了，材料都湮灭了——只不过流传至后世，各人的侧重点有所不同，孔子重德重礼,而韩非、李斯这些人更重严刑峻法。

一种学说的创立,当然不可能凭空捏造,必是在总结前人经验的基础上才能形成,所以要"江海不择细流"以"就其深",要泥沙俱下,不能"择善固执",因为太多时候,由于人类生命的短促和视野的狭窄,并不能、并没有能力判断什么是"善"。所以现在的人非常看重多样性,无论是物种多样性,还是文化多样性,因为保护了多样性,就是给我们的子孙留下了更加广阔的选择空间。

董仲舒的这个提议显示了他"独霸学坛"的野心,所以与其说他的"独尊儒术"是出于安定天下的公心,倒不如说是出于显扬自我的私心,尽管这种私心可能连仲舒自己都没有察觉到。

那么,具体应该如何尊儒呢?董仲舒提出了捆了中国人两千多年的"三纲五常"——君为臣纲、父为子纲、夫为妻纲。从思想方法上来说,仲舒的三纲五常与孔、孟是如出一辙的。孟子主张王道,所谓"内圣外王",他是将孔子的"礼治"思想发挥到了极致,将每个人都塞进了一个小格子里,不能超越本分,如此也就海内治平,再无纷争了。董仲舒也是一样,君臣父子夫妻,只要恪守其道,那么天下大治还会远吗?

无论董仲舒的学说怎样,武帝被他打动了,因为他的"独霸学坛"的气魄,与他的"大一统"梦想是契合的。因为,这里面都有一种深植于一般人头脑中的美学观——整齐,武帝是不能容忍他掌舵的汉朝再如以前一样,诸侯国各自为政,整个国家如野草生长似的,他要为这个国度立规矩。

不久,仲舒的学说为武帝推重了。可是武帝知道他只是一个困守书斋的学究,所以并没有委以大任,而是派他做了江都易王刘非的国相。刘非一向桀骜不驯,可是或许是慑于仲舒的大名吧,在仲舒到了之后,竟然对他礼敬有加。不过仲舒的道德学问是没法感染他的,他仍是整天胡作非为。仲舒知道这样下去必然惹祸上身,于是不久辞官回家,此后一直潜心著作。其间武帝也常遣人向他求教朝廷大事。

大隐隐于朝的东方朔

"世人笑我太疯癫,我笑世人看不穿。不见五陵豪杰墓,无花无酒锄作田。"这四句诗,截自明代才子唐伯虎的《桃花诗》,读它,多少会感染一点逍遥自在、游戏人生的豪情吧。不过唐伯虎十分潦倒,最后以卖画为生,他的心中真有这么洒脱吗?相对于范进等一辈子醉于科场、一心用仕的人,唐伯虎当然算是隐士。不过比起他的前辈,大名鼎鼎的"智圣"东方朔,他只能算是一个"小隐"。

东方朔,字曼倩,齐地人。武帝即位之初就下令各地推举贤良茂才,东方朔也来到长安,想要进入仕途。

武帝挑选贤良的办法是对策,就是由贤良们上书言事,武帝以此来考量他们的才干,再由他们的才干考虑授之以何种官职。东方朔的"策书"非常有意思,它的篇幅非常长。武帝时还没有纸张,人们写书写信都是写在竹简上。当然,最开始是没有毛笔的,要在竹简上留下痕迹只能用刀来刻。有人说,老子的《道德经》用语之所以如此简略,就是因为考虑到刀刻的困难和麻烦。后来虽然有了毛笔,但是人们写书也尽量言简意赅。可是,东方朔倚马千言,他写这篇"策书"竟然用了三千片竹简,堆起来有一人高,要公车府派两个人一起抬才能抬得动。

武帝日理万机，这么长的文章，当然没有一口气读完的工夫，所以每当他停下来，就在停下来的地方记上记号，以便下次接着读。如此"停停走走"，两个月后，武帝才终于读完。可见，东方朔的策书写得很有意思，能够勾起武帝的兴趣，让他读下去。这篇策书大致意思如下：

我东方朔自幼失去父母，是兄嫂将我抚养成人。十三岁，我开始刻苦读书，整整读了三年，自以为已够平生所用。十五岁我学习击剑，十六岁学习《诗》《书》，十九岁学习孙、吴的兵法，又不满于纸上谈兵，亲自去营阵间实践学习。所读书共有四十多万字。今年我二十二岁，身高九尺，双目有神闪亮如明珠，牙齿整齐洁白如贝壳，我的勇敢直追子路、孟贲，敏捷超过庆忌，廉德如同鲍叔，信义好比尾生。像我这么优秀的人位列朝堂，不会给天子丢人吧！臣东方朔冒死进言。

这封澎湃着自信的自荐书，肯定让武帝读得开怀大笑。武帝会想，这家伙真有自己吹的那么好吗？于是任命东方朔做了郎官，他因此可以时常随侍在武帝左右。写了三千片密密麻麻的竹简，却只做了一个郎官，这自然很难让东方朔满意。不过，升迁的机会是自己争取来的，东方朔并不因此消沉。

传说武帝身边有很多侏儒，东方朔在他们身上动起了脑筋。他骗侏儒们，说皇帝要把他们全部杀光。侏儒们傻了眼，集体拦住御驾，向武帝哭诉。武帝大惊，兜兜转转半天，原来竟然是出自东方朔的谎言。于是武帝把东方朔叫来，责问他为什么这么做。

东方朔装出一副可怜相，说侏儒们身长不满三尺；臣下我呢，身高九尺有余，可是我们的俸禄薪资都是一样的，侏儒们自然可以吃饱，我这个大汉却难免饿肚子。

武帝本来是准备发飙的，听他这么一说，转怒为喜，于是任命他待诏金马门，不久又升他为侍郎。相对那些动不动就吹胡子瞪眼的朝臣，年轻的武帝肯定更喜欢东方朔这个诙谐有趣的家伙，因此每次与他谈话聊天，没有一次不是开怀解颐的。

东方朔爱吃肉，武帝常常赐他一起用膳。饭后，东方朔把桌上所剩的肉卷在怀里，衣服弄得油渍不堪，他却似全无所觉。武帝赏给他绫罗绸缎，他不顾形象，肩挑手提，唯恐取之不尽。

不过，东方朔并非守财奴，他把这些绸绢赏赐全部花在女人身上。每过一年，他便在长安城中挑一个年轻漂亮的女子娶回家中，而把"旧人"赶走抛弃。这么看来，东方朔是个玩世不恭的享乐主义者了？实情又非如此。

武帝酷爱打猎，于是有了扩建上林苑的念头。他招来董仲舒的弟子吾丘寿王，让他负责扩建事宜。武帝的想法是，"新上林"必须直指终南脚下，如果翻看地图，就可以知道这个未来的猎场有多么地辽阔壮观。可是，随扩建而来的是大规模的圈地和移民搬迁，这对世代居住于此、靠山吃山靠水吃水的百姓来说，无疑是一个灾难。

这时，东方朔站了出来，陈言反对。

武帝没想到反对者不是骨鲠的老师汲黯，而是这个整天说笑话的家伙，大感有趣，于是赏了他黄金百斤，又升他为太中大夫给事中。可是武帝转过头来，就对吾丘寿王说："现在动工！"

识趣的东方朔没有顶风力谏。但这足以说明，东方朔与郭舍人不同，至少他没有把自己定位为一个玩物，因此他有自己的立场和政治主张。

不过，他的不合流俗的举止让人很难了解到内在的他，武帝身边的侍臣都把他看作"疯子"，在他身上吃过亏的武帝却有些明白他，于是说道："假如东方朔不是如此荒唐，你们怎能够比得上他，和他官职相近呢？"

一天东方朔入朝，郎官们都说："在世人眼里，先生是一位狂人！"东方朔一笑而过，哪里会跟他们一般见识。不过，每当他在酒席中喝得高兴，就滚倒在地上高唱："陆沉于俗，避世金马门。宫殿中可以避世全身，何必深山之中，蒿庐之下。"歌声洒脱中有悲凉，这大概就是"失群"之人不被理解的苦闷吧。

东方朔临终之时，曾对武帝说："《诗》云'营营青蝇，止于蕃。恺悌君子，无信谗言'，'谗言罔极，交乱四国'，愿陛下远巧佞，退谗言。"所谓"鸟之将死，其言也哀；人之将死，其言也善"。后来大搜巫蛊，武帝任用了江充、苏文等小人，终于酿成祸事。武帝感慨想到东方朔的临终规劝，感其先见之明，叹道："如今回想起东方朔，他果真只是善于耍嘴皮子吗？"

这个问题，恐怕不需要回答了。

一代文豪司马相如

"武帝时文人,赋莫若司马相如,文莫若司马迁。"这是鲁迅先生《汉文学史纲要》里的一句评述。其实,这只是就文体而言。若论长久的价值,司马相如拍马也追不上司马迁。

尼采说:"一切文学,余爱以血书者。"司马迁的文章是沾着血来写的,司马相如的却总有垂涎的舌头阿谀舔出来的嫌疑。比如《古文观止》里选的那篇《上书谏猎》,劝汉武帝别总是打起猎来不顾一切,要为了江山社稷爱惜自己的身体,真是肉麻到极致。

当然,这也不能全怪司马相如,文人的独立人格是要靠钱来撑腰的,经济上不独立,人格、文格都很难独立。司马相如家里并没有什么钱,所以四处寄食。梁王刘武雅好文学,司马相如就曾做他的宾客,得到他的优待。刘武死后,司马相如失去依靠,于是离开梁国,回到四川临邛老家,清贫度日。

没有男人可以依靠,只好依靠女人。临邛县令王吉是司马相如的好友,他得知蜀地首富卓王孙的女儿卓文君新寡在家,便有心撮合她跟司马相如。文君才貌双全,相如苦无机会。于是王吉与他商议,两人动了一些心思手段。

古时通讯不像现在这般发达,因此司马相如虽文名远播在外,但并不显于老家。所以王吉首先要做的就是为司马相如造势。王吉将相如请到临邛都亭住下，每日都去拜访，相如却称病，只是一个闭门不见。这本是两人安排好的戏码，王吉当然不会生气，反而更加恭敬，拜访得更勤了。因此蜀地所有人都知道这里住了一位贵人，连县令的面子都可以不给。

消息传到卓王孙耳朵里，他也对相如起了好奇心，于是设宴延请相如。做戏做全套，所以相如继续装病，直到好友王吉救火一般赶来相迎，相如才一副老大不情愿的样子走出都亭。这一下，所有人都见识到了相如的风采，暗暗为他叫好。相如仿佛没听见，持重地随着王吉到了卓王孙家，人们心里对他愈发敬重了。其实这份持重也是装出来的，因为相如文采虽好，下笔时亦文思如泉涌，但却跟韩非子一样有些口吃，所以"一动不如一静"，没想到反收奇效。

县令亲临，酒宴的气氛逐浪而高，喝到差不多的时候，在王吉的强烈要求下，相如鼓琴助兴。人们这才知道原来相如还身怀琴艺。其实，王吉和相如早就打听好了，知道文君也是个爱琴之人。酒宴上女儿家不便见客，要接触美人，只好以琴挑之，将款款情意化作乐符送到她的心坎里。相如弹了一曲《凤求凰》：

凤兮凤兮归故乡，遨游四海求其凰。
时未遇兮无所将，何悟今兮升斯堂！
有艳淑女在闺房，室迩人遐毒我肠。
何缘交颈为鸳鸯，胡颉颃兮共翱翔！
凰兮凰兮从我栖，得托孳尾永为妃。
交情通意心和谐，中夜相从知者谁？
双翼俱起翻高飞，无感我思使余悲。

相如的意思再明白不过了，这是在向心中的伊人示爱。这伊人是谁呢？当然就是躲在帘后的文君，除了她，大概没人能明白相如在唱什么。将帘子轻轻掀开一角，文君看到了伏在琴上的相如，一下子就被他俊朗的外貌所吸引，更见他那闭目鼓琴，陶醉而不自知的样子，心中越发地喜爱。她哪里知道，这一切都是相如的表演呢！不止如此，相如更通过仆人将自己的爱意传达给文君，文君心里便有了计较。

于是当晚宴席散了，文君就偷偷离家，随着相如私奔了。通过这一举动可以看出来，文君并不是传统的娇小姐，否则哪里会有这么果决、大胆呢？

文君随着相如回到家里，在他家只找到了四堵墙和一扇窗，心想：难道相如这个翩翩佳公子就在这么简陋的小屋里，品行高洁得过分了吧？

这样的日子久了，相信谁也受不了，何况是卓家大小姐。于是他跟司马相如提议，不如回到卓家附近，邀娘家人来扶持一下？于是两人变卖了能卖掉的一切，收拾细软，回到临邛，开起了酒肆，卓文君亲自当垆卖酒，司马相如亲身端茶递水。

有一天武帝读到《子虚赋》，深为其瑰丽文辞、浪漫想象所打动，读来读去爱不释手，还以为是古人所作，深恨自己生得太晚，不能与之秉烛卧谈。这时为武帝管理猎犬的狗监、蜀人杨得意说，《子虚赋》的作者司马相如，就是臣的老乡。

武帝没想到《子虚赋》的作者还活着，非常高兴，于是一纸诏书将司马相如从蜀地召了过来，拜为郎官。其实景帝时，相如已经任过此职，不过景帝的生活显然没有武帝那么丰富多彩，他不爱文赋，相如一身文采毫无用武之地，于是投奔了梁王刘武。

现在"文友"武帝当国，相如的春天来了。相信当长安飞来的骏马和诏书来到卓王孙家门口的时候，这位靠着冶铁发家的大商家心里定然是别有一番滋味吧。

相如的才华不仅仅限于文学，他在政治上也是不无建树的。"西南夷"是我国古代云贵川西南少数民族的统称。武帝曾拜唐蒙为中郎将，率千余人的战士、万余人的辎重队伍赴西南通夜郎。夜郎等在巴蜀之南，故被称为南夷，而巴蜀以西的邛都等国得知夜郎受了汉朝的货物赏赐，眼红之下也来主动请朝。相如是蜀地人，武帝遂任命他出使西夷。相如归来向武帝汇报说，邛都等西夷，较之南夷离蜀地更近，更容易开道与之相通；况且秦时已在此设置郡县，后来陈胜发难，天下大乱，西夷遂趁机独立，若我们现在重置郡县加以管理，会非常方便。

武帝的游戏和兴奋点大多都在版图上，所以看着自己的版图又拓展了一分，就非常高兴，他听从了司马相如的建议。从现在往回看，相如对我们祖国现今格局的形成是出过力的。然而他为人太过轻浮了，在出使的路上不断收受贿赂，最终被人弹劾，罢官回家。

"得之我幸，不得我命"，假如没有一个经济独立基础上的文人圈子，假如没有一个一般水平以上的读者群体，文人的毁誉都不能，或至少短时期不能由自己决定的。相如假如真能明白这个道理，也该无所计较吧。其实人生本来空荡荡的，就算得了千古文名又能怎样？

第十章

朝廷内外

对待匈奴，是战还是和

自高祖刘邦被围白登山之后，汉朝对匈奴一直采用和亲政策，摆出臣服的姿态。到了武帝的时候，国家富强，海内安定，有了与匈奴较量的资本，况且武帝本是个不甘心雌伏的铁血人物，于是开始重新勾画汉匈的关系了。对匈奴，到底是该战还是该和呢？

元光二年（公元前133年），当武帝再次提出战与和的议题时，主战派和主和派展开了激烈的争论。

主和代表人物是在平定七国之乱时立过大功的宿将韩安国。他秉持着"一动不如一静"的和亲立场。他说：虽然屈辱，但高祖仍听从建议，"奉金千斤"与匈奴和亲，不是因为怕了匈奴人，也不是不想报被围白登山的一箭之仇，而是以天下安定为己任，从大局出发，"至今五世为利"。

主战代表人物是时任大行令的王恢。王恢是燕地人，多年来戍守边郡，对匈奴的境况非常熟悉。"'今边境数惊，士卒伤死，中国棺车相望，此仁人之所痛也'，您所说的和亲带来的和平在哪里呢？"

韩安国是没有这么容易被击倒的。他老调重弹地说，匈奴人来去如风，"居处无常，难得而制"，我们贸贸然长驱直入，到了匈奴人的苦寒之地，粮草不济，人困马乏，怎么能胜？这不就是兵法上说的

"以军遗敌人，令其虏获也"吗？

王恢等的就是韩安国这句话，于是将事情原原本本地讲了。原来，王恢并非这次出击匈奴的首倡者。首倡者是雁门马邑的豪强聂壹翁，他向王恢献计，我方可事先在马邑附近埋下人马，然后自己去做奸细，亲身前往匈奴，引君臣单于率军前来，等匈奴大军一到，我们就可以将其一网打尽。

设想很不错，不知道聂壹翁与匈奴人有什么过节，竟然如此处心积虑地对付他们，难道他孤身犯险，仅仅是为了立功、加官晋爵吗？

武帝听了王恢的陈述，眼睛放出的光刺得韩安国眼睛生疼，于是他知道自己不该再坚持下去了。

果然，武帝以卫尉李广为骁骑将军、太仆公孙贺为轻车将军、大行令王恢为将屯将军、太中大夫李息为材官将军；而御史大夫韩安国则为护军将军，总领各路人马共三十余万，设伏马邑。

军队出发之后的几天，相信武帝都是彻夜未眠的，既有几分害怕，但更多的则是兴奋。

聂壹翁"逃"至匈奴，见到了君臣单于，说他可以入马邑斩杀其长官，率城投降，将财物全部献给单于。这是送上门来的买卖，单于听得食指大动，于是率十万大军出发，入雁门武州塞。

匈奴人一路掳掠，行至马邑外百余里时，单于心里忽起不安之感，他定睛看去，只见茫茫苍野，只有零星牛羊觅草而食，人影儿却不见半个，于是疑窦大生，改变路径，舍马邑而取武州。武州尉史为匈奴所得，惊惧下将汉朝的伏击计划和盘托出，单于大惊，立即发令撤退。又惊又怕之下，匈奴人总算安然退到了长城之外，可算是有惊无险。

其实，这一切都在汉朝的监视之下，汉军追到了长城，也就停下不追了。而负责袭击匈奴辎重的王恢也擅自罢兵，不敢追击。武帝对王恢所为非常失望和生气。王恢为自己辩解道："当初约定好了，匈奴兵一入马邑城，我军就与之交战，然后臣所率部队就袭其辎重，断其后路，如此才十拿九稳。现在匈奴人没到马邑就返身而回，显然是识破了我们的埋伏，臣的手下只有三万人，在敌人有准备的情况下贸然出击，必定惨败而回绝无幸理。我知道这样做回来只是死路一条，但这是为了替陛下保留三万精兵啊。"王恢所说并非没有道理，孙子兵法就有所谓"非必取不出众，非全胜不交兵"。

于是武帝派廷尉审理此案。廷尉认为王恢"观望曲行避敌，当斩"。王恢于是向当时的丞相武安侯田蚡行贿，请他向武帝求情。精明的田蚡当然不会在这时候触武帝的霉头，于是转而告诉太后，通过太后把话带给武帝。

武帝听了暗暗冷笑：主张出击的是你王恢，如今听了你的话，发动几十万大军布这个局，即使单于逃脱，但只要你王恢当机立断，击其辎重所在，不一定一无所得，至少不会叫匈奴人走得那么潇洒；现在不杀你，天下人会怎样看待朕，看待朝廷？

于是王恢的脑袋落了地，算是给天下人一个交代。

出击匈奴，直捣腹地

经马邑一事，汉、匈之间已然撕破了脸皮，基本上再没有握手言和的可能。剩下的只有一件事：杀！

不过，打仗是要流血的，所以双方都没有马上动手。匈奴人是靠放牧打猎为生，所以他们很多东西都要通过与汉朝"互市"才能得到。在马邑事件之后，武帝并未取消汉、匈互市，而是以此稳住匈奴人。不过，互市带来的利益对于匈奴人来说不过是杯水车薪，还不够塞牙缝的。于是在元光六年（公元前129年），匈奴人突袭上谷郡，烧杀抢掠而回。

武帝决定给匈奴人一个教训，于是组织了四路万人骑兵出击匈奴：车骑将军卫青出上谷郡，骑将军公孙敖出代郡，轻车将军公孙贺出云中，骁骑将军李广出雁门。上次马邑设伏，汉朝发动了三十万大军，这次主动出击却只有四万人马，难道出去打反而更有把握吗？当然不是，而是因为要深入敌境的话，粮食补给就成了一个大问题，出动的人越多，补给的负担也就越重，别看打仗的只有四万人马，但是补给队伍的人数估计是这个数字的几倍。兼且这是武帝第一次主动出击匈奴，带有试探的性质，所以四万人并不算少。

除了李广是沙场宿将，其余的三个人都是年轻人。卫青与武帝的关系自不必说，公孙敖是卫青的好友，而公孙贺在武帝还是太子的时候就做了他的舍人。所以这三人都是武帝身边的近臣。武帝的意思很明显，他就是要给三人立功的机会，为汉朝培养出新一代的将领，而三人与自己一同成长，也必能更好地贯彻自己的战略意图。

卫青长驱直入，追击匈奴人直到龙城，斩获首虏七百余级。龙城，也称为龙廷，是匈奴人祭祀祖先和天地鬼神的地方，是其重要的政治文化中心。所以七百余级的首虏虽然不多，但是袭破龙城的意义和影响都是震撼性的。

其余三路人马就没有卫青那么幸运了。

公孙贺在茫茫大漠里战天斗地去了，愣是没遇着一个匈奴人，自己当然也没什么损失，可谓不赔不赚；他的本家公孙敖就惨了，他与匈奴交战，折损了七千人马；而老将李广的境况更是不堪，他与匈奴主力部队相遇，激战过后全军覆没不说，自己也被匈奴人俘虏。好在李广装伤，给匈奴人装进网兜，半路凭着过硬的武功翻身而起，踹飞了马上的匈奴小兵，策马南奔。匈奴人一路追来，都给李广以无双箭法打了回去。就这样，李广得以逃回汉朝。

公孙敖与李广损失惨重，按律当诛，赎为庶人。

虽然只有卫青一路兵马一枝独秀，但此次出兵仍可算是一个难得的胜利。它仿佛在告诉匈奴人：我们还会再来的！

你来我往的拉锯战

匈奴人遭龙城之辱,当然不肯罢休。这年秋天就回抢汉人作为报复,汉地各边郡中,以渔阳损失最为惨重。武帝遂派韩安国主持渔阳军政。

原来,田蚡死后,韩安国接任丞相。可是,不久他为武帝引车时不小心从车上摔了下来,把腿摔跛了,无法上朝议政。武帝遂使平棘侯薛泽继安国为相。待安国养好伤,武帝改任他为中尉,一年后又调任卫尉。此时匈奴犯边,武帝想起了这员老将,就把他派到渔阳。

安国在渔阳捉到一个匈奴俘虏,从他口中得知匈奴人的部队早已经回到了漠北。安国放心之余,给武帝上书,说渔阳只留七百人就可以了,剩下的人可以回家务农,因现在正是农忙时节。武帝批准。

可是这个俘虏所说不实,刚刚过了一个月,匈奴人的军队再次杀到。可怜安国手上只有七百人,根本无法抵挡。幸亏最后关头,燕兵来救,否则安国未能安国就要先以身殉国了。

武帝派卫青、李息两人各率大军分别出雁门、代郡反击,斩杀千余人,大获全胜,打击了匈奴人的嚣张气焰。

渔阳失守,安国心里闷闷不乐,遂上书武帝请求调回长安。武帝这次没有同意,因为他得到匈奴将要再次进犯的消息,于是将安国调到右北平戍守。安国这时已经老了，旧伤加心病，不久吐血而亡。

右北平不能一日无将。于是此前"赎为庶人"的飞将军李广再次得到武帝的起用，这次他没让武帝失望，有他在右北平一日，匈奴人便不敢进犯。可是匈奴人怕李广，但天下只有一个李广，而且这个李广是个凡人，并没有分身术。于是上谷郡和渔阳又重新受到了匈奴人的"照顾"。

你抢你的，我抢我的。一年后（公元前127年）武帝复遣卫青、李息率军出征，两人一路打到陇西，破掉匈奴楼烦、白羊王两部，斩首数千，得牛羊数百万。这是开国以来，汉朝对匈奴取得的最大胜利。消息传来，举国振奋。更为重要的是，此次出击，汉朝得到了"河南"（此"河南"并非今天的河南，其地在今内蒙古黄河以南）。河南土地肥沃，且有黄河天险作为屏障，战略位置非常重要。此前，长安与匈奴不过隔着一道长城，取了"河南"地后，匈奴对长安的威胁大大减弱，而汉朝对匈奴亦从守势转为攻势。所以，此役之重要，可算是汉匈战争的转折点。

大丈夫死则五鼎烹

主父偃是齐国临淄人，因深通纵横之术而入武帝幕僚。他深知武帝心中所患，一个是北边的匈奴，一个是汉朝林立的诸侯国，于是向武帝进策，这就是著名的"推恩令"。

他对武帝说："古时的诸侯很容易控制，这是因为他们的封地都不超过百里。可是现在情况不同了，诸侯王动辄主宰几十个城市，上千里土地。若天下太平，则万事大吉，诸侯所能做的不过是在自己的封地内纵情享乐罢了；假如有一天天下大乱，那么这些诸侯王就会联合起来，形成一股强大的力量，窥伺神器。可是，对付他们不能操之过急。假如直接颁布法律强行削其封地，那么他们就会立刻叛乱，先帝时的七国之乱就是因为晁错对付诸侯王的手段太急太猛，结果适得其反。可是任其坐大，对陛下又非常不利。我这里有一个两全其美的办法——诸侯死后，他们的爵位和封地只能传给长子，可是，诸侯所生的肯定不止一个长子，不如颁布'推恩令'，把诸侯的封地分给他所有的儿子，这样一来，他们必然都会感谢陛下的恩德，而诸侯的力量却日益分散了，以后再难成气候。"武帝同意了这个办法。

其实，主父偃的这个"推恩令"，不过是贾谊"众建诸侯而少其力"的翻版，并没有什么创新。

除了关心国家大事，主父偃还非常地"体贴细致"，开始关心起武帝的身后事。身后事？对，就是身后事。这并不奇怪，因为古时的帝王，从他们开始登基的那一刹那，就开始为自己修建陵墓。帝王的陵墓都修得异常豪华，为的是自己死后能够继续得享富贵。武帝的陵墓就是著名的茂陵。

主父偃建议武帝移民到自己的陵寝。所移之民都是些什么人呢？不是豪强就是巨富。主父偃说，把这些家伙迁到刚刚设县的茂陵，既能充实京师（茂陵就在长安附近）、繁荣经济，又可以把这些人"拘"在天子脚下，加以控制，如此一来可是一石二鸟之计，武帝又"从了"他。

当初，主父偃走遍天下，无人搭理，只有一个卫青肯赏识他，向武帝举荐他，所以他也知恩图报。当陈阿娇被武帝废了之后，主父偃力挺卫子夫，上书请武帝立她为后。当然，这也是武帝心中所想，所以不久卫子夫果然做了皇后。武帝心想："主父偃这家伙，简直就是我肚子里的蛔虫啊，有时候比我自己还明白我自己的想法呢。更难得的是，他总能想到一个让我心愿得成的好办法。"

于是，日益风光的主父偃开始报复那些昔日看不起他，在他穷困时对他冷嘲热讽、落井下石的人。第一个就是燕王刘定国。

刘定国为人淫乱，先后与自己的后母、弟妹和三个女儿发生不伦关系。他的属下郢人与之有隙，当得知刘定国要杀他时，就准备出逃，将他的乱伦丑事公之于众，没想到刘定国先下手为强，将郢人杀人灭口。这件事不知怎的，被主父偃知道了，他自然不会放过刘定国，于是将他的丑闻公之于长安城，弄得满城风雨、人尽皆知。武帝无法，只得召开廷议，结果不用说了，众人一致认为刘定国该死。

消息传来，绝望中的刘定国选择了自杀。

主父偃翻手为云覆手为雨，连诸侯王都被他弄死，于是百官没有不怕他的，争相向他贿赂钱财，累计已有千金。主父偃还不知足，笑嘻嘻地看着库房里的金山越堆越高。有人劝他，说你太过分了。主父偃冷笑："四十年来，我游学四方，心中有万丈豪情、百万雄兵，却从未有机会施展才华。我的父母不当我是儿子，兄弟一个个将我拒之门外，就连寄人篱下的宾客也唾弃我、耻笑我……如今我已是日暮途远，还怕个什么？！我偏偏要倒行逆施，偏偏要横暴行事！大丈夫生不五鼎食物，死则五鼎烹！"少时的匮乏与冷落造就了今日的张狂和贪得无厌。在主父偃的内心深处，是否从未感受过人与人之间最简单最温暖的关怀？

刘定国倒台了，接下来轮到自己的家乡齐国的国王刘次景了。主父偃告发刘次景在王宫里的淫乱行为，武帝遂以他为齐相，赴齐国调查。

主父偃来到齐国，首先把他的兄弟和从前的宾客都宴请过来。每个到场的客人都收到了五百金，当然，随着钱一起来的就是主父偃的唾骂和讽刺："从前我穷困的时候，你们没有一个把我当人看的，如今我发达了，你们之中竟然有出齐国千里以外来迎接我的。从此之后，我与诸位一刀两断，请再也不要进我主父偃的家门！"也算是快意恩仇。刘次景与他的同母姐姐有染，他看到刘定国的下场，害怕自己也终不能免罪，于是不待主父偃动手，自己先一步自杀了。齐王身死的消息由属官派人报告给了武帝。

主父偃的足迹也不止于老家齐国和燕国，还有赵国。赵王见刘定国身死，兔死狐悲，决定先下手为强。可是主父偃对武帝的影响实在太大了，有他一日在朝，赵王就不敢轻举妄动。终于主父偃去齐国做了齐相，赵王的机会来了，他向武帝上书，揭发主父偃收受诸侯的贿赂，所以才向皇帝进"推恩令"的策略，让这些人得以封侯。其实，政治是只问结果不问缘由的，武帝对此非常明白。他气的是齐王被主父偃活活逼死，于是将主父偃下狱审问。当然，武帝对他还多有倚助，所以心里并不想杀他。

可是做上了御史大夫的公孙弘进言说，齐王并没后人，他自杀身死后，封地被除，改为郡而重归朝廷调度。主父偃是罪魁祸首，若不杀他，天下人会怪罪陛下，认为主父偃只是一个棋子，是陛下为了加强朝廷而不顾骨肉之情，逼死两位刘氏宗亲。

话说到这份儿上，主父偃已经是不得不死了，只是他并没有五鼎烹，而只落了一个滚尸街头的凄惨下场。唯有一个叫孔车的人为他收尸，并把他葬了。武帝认为孔车有长者之风。

当主父偃受宠之时，朝廷到处都是奉承他的人，到他身死名灭，大家却又争先讲他的坏话。主父偃若是真有灵，也该好好想想究竟是为什么。

刘安叛乱失败而终

刘安,是高祖刘邦的孙子,淮南王刘长的儿子。刘长谋反被文帝发配到边疆,因而绝食至死。刘安的造反,不光是因为觊觎皇帝宝座,其中也有为父报仇,甚至帮父亲"圆梦"的成分。

刘安是一个博学多才的人。他招致天下贤才以为宾客,修了传世名作《淮南子》(也称为《鸿烈》或《淮南鸿烈》)。《淮南子》共二十一卷,阐述和改造发展了先秦道家思想,具有很高的史料价值和学术价值。"塞翁失马"的典故就是出自这本书。

不过,刘安修书的目的并不单纯。武帝是崇儒的,他接受了董仲舒"大一统"的理论。这个"大一统"就包括政治的大一统,就是要加强中央集权,削弱地方势力。即便是一般的诸侯王对此也会非常反感,更别说刘安这样有心造反的人了。因此,他修《淮南子》,用道家思想做鼓吹手,是为了从理论上、思想上来对抗武帝的崇儒和大一统。《淮南子》所阐释发展的"无为而无不为"思想,就是为了反驳武帝的"有为"政治,给诸侯国的存在提供一个理论上的合理性。

当然,造反不可能光凭一本书取得胜利,所以刘安日夜都在秘密地招兵买马,等待时机。武帝刚刚登基的时候,由于他"崇儒抑老"的新政推行太过急切,引起了好黄老之道的祖母窦太后的不满。刘安选择在这时候入朝，就是为了打探长安城里的消息，怕自己错过了夺取政权的时机。

这时候的武帝根基不稳，非常危险，连他的心腹、母舅田蚡都采取了骑墙观望的姿态。田蚡对刘安说："现在皇上还没有儿子，王爷您是高皇帝的孙子，仁义道德天下莫不称赞。一旦皇上有个三长两短，那么继承皇位的舍您其谁呢？"刘安听后非常高兴，对田蚡大加赏赐，田蚡固然也是乐不思蜀，两人都在心里各自打着如意算盘。

武帝身体一向强健有力，且当时不过二十出头，何来"三长两短"之说？可见，当时的空气里有着政变的味道，而武帝最终度过了这个劫。

没过几年，田蚡死了。刘安失去了在中央的眼线和助力。不过，他的造反计划还是按着步骤进行下去，并没有丝毫懈怠；但就在这时，发生了一个意外。

王娡入刘启太子宫前，与金王孙生有一女，但她为了荣华富贵，毅然将此女抛弃。武帝的宠臣韩嫣提醒武帝有这么一个姐姐，武帝便发动人力将她从民间找了出来。王太后这个叫金俗的女儿也已经生了女儿。王太后出于补偿心理，就想把这个外孙女嫁给皇族，盼她和自己一样得享荣华。于是将她嫁给了淮南王刘安的儿子刘迁。

刘安生怕武帝的这个外甥女将自己的造反计划给抖了出去，否则一家人只有死路一条。刘安想出了一条计策，他让儿子刘迁冷落这位"民间公主"，自新婚以来就不与她"同入洞房"。刘安"听说"此事后大怒，于是把刘迁和公主关在同一个房里。刘迁当然继续拿着冷眼扫视公主，不与她亲近。公主忍无可忍，只好请求刘安把她送回长安。刘安表面上把儿子臭骂一顿，还不停地向公主道歉，不过送还是要送的，而且选了几匹千里马，将公主送回了家。

一场危机，就此解除。

不过，马上刘迁就为刘安惹来另一场危机。刘迁好武，自幼习剑，总认为天下已经没有敌手。恰巧刘安的宾客中有一位天下闻名的剑客名为雷被。刘迁技痒难耐，总想跟雷被一较高下。但雷被深明官场之道，所以总是拒绝刘迁的比武请求。他明白，赢了输了都不好，赢了的话，以刘迁的小心眼，日后肯定会与自己为难；输了的话，自己从此在淮南王府将无法立足。但刘迁死缠烂打，无奈之下，雷被只好同意比试。

刀剑无眼，雷被一不小心，就刺了刘迁一剑。大失面子的刘迁从此就把雷被记在心里了。

雷被知道自己的处境，于是总想找机会离开淮南。正逢武帝征召天下勇士抗击匈奴，雷被于是向刘安请辞，说要北上参军。害怕谋反的消息漏出去的刘安当然不同意，不光如此，他还封锁整个淮南国，不许任何人离开。

雷被害怕了，于是不顾一切地出逃，来到长安，向武帝告状。雷被告的不是刘安，而是刘迁，他告的也不是刘安谋反，而是刘迁阻止自己投军报国——他认为刘安拒绝自己都是刘迁在背后搞鬼。

武帝于是叫人将刘迁拘捕到长安来审讯。消息下达到地方，寿春县县丞却上书武帝，说交通不便，不如在当地提审刘迁。这县丞大概是被刘安收买了。可是朝廷派给刘安的淮南国相却不肯睁一只眼闭一只眼，他坚持要把刘迁送入长安。刘安哪里肯去！于是搜罗罪证，一纸状书将国相告到朝廷。武帝使廷尉将国相拘到长安受审。到了廷尉署的国相，首先就报告了刘安造反的诸多迹象。

其实，武帝这时候早已零星收到刘安造反的消息，不过现在的淮南并不是景帝时的吴国，刘安根本搅不出多大动静来，武帝看在亲戚情分上，也就由他去了。这时候事情都摆在台面了，武帝于是派了一个"中尉宏"去淮南巡查。

刘安早就收到消息。等到中尉宏来到淮南，他立马好酒好菜地伺候着，于是中尉宏随随便便地在淮南逛了一圈，转身就回长安复命去了。

　　事情好像已经得到了解决，但是实情比这要远远复杂得多。朝上百官认定了刘安造反，想要把他法办。武帝就算有心袒护，但也不好太过违拗百官的意思，于是下诏削掉刘安的两个封县。

　　这下彻底刺激了刘安，他立马决定造反。但仓促造反岂能成功？不久刘安就在绝望中自杀了，而他的王后、世子和一众家人也都遭到族灭的下场。

匈奴未灭不言家

在战场上，要想活命，首先就得不要命，"狭路相逢勇者胜"，这在普遍运用冷兵器的古代尤其是这样。

霍去病就是"不要命"人物里一个典型的代表。"匈奴未灭，何以家为"，这句掷地有声的豪言，曾激荡起多少代做着英雄梦的少年的热血。

霍去病与武帝有一种特殊的缘分，这不单单是指他的姨母卫子夫做了武帝的皇后，更是因为他出生的那一年，恰恰也是武帝登基的那一年。

霍去病的母亲是卫少儿，也同他的外祖母一样，在平阳公主家做女奴，而霍去病的父亲霍仲孺则是平阳公主封邑内的一个小吏。霍、卫两人情投意合，结为夫妻，并且生下了霍去病。本来，霍去病该是与其他奴仆的儿子一样，继续做奴仆了此生的，不过因为他姨母卫子夫受武帝的宠爱，奴仆血统的霍去病从小过的却是贵公子衣食无忧的生活。

可以说，霍去病是武帝看着长大的，也是武帝一手培养的，他与武帝的关系，可比父子。

武帝很早就注意到霍去病的军事天赋，想要亲自教授他孙、吴兵法，不过霍去病的反应大大出乎武帝的意外。他说，行军打仗，靠的是因敌因势，不需要拘泥于古代兵书。这话说得很有见识。

霍去病长到十八岁时，已是一个威武健壮的少年，无论是骑马打猎还是舞刀弄枪，他都是一学就会、一会就精。

公元前123年，匈奴又来犯边。武帝遂遣大将军卫青率李广、苏建等六将军出定襄、击匈奴。这一次，年纪轻轻的霍去病也随军出征。他被舅舅卫青带在身边，做了他的票姚校尉，手下率领精挑细选的八百个骑士，都是勇武擅骑射的人物。

卫青率大军两次出击，共斩杀匈奴一万九千余人。但汉军也有伤亡，苏建所率部队全军覆没，而原为匈奴小王的赵信更是投降匈奴。不过霍去病却在战场上获得了惊人的表现。他率领手下的八百骑士，偏离大部队，在黄沙滚滚的大漠里狂奔数百里偷袭匈奴，斩杀敌人共两千零二十八人，其中就有匈奴单于的祖父，更俘虏了单于的叔叔和国相。

虽说都是精英里的精英，但也只有八百人而已，手上这么点人就敢深入大漠与未知的敌人拼命，除了说明霍去病的勇敢，也说明了他的立功心切。

所谓"千军易得，一将难求"，虽然苏建的全军覆没和赵信的投降都让武帝颇为心痛，但霍去病的横空出世却让武帝看到了汉军下一代的希望和寄托，他慷慨地封霍去病为"冠军侯"，食邑两千五百户。所谓"冠军"，就是勇冠三军的意思。元狩二年（公元前121年）春，武帝又派霍去病出征。霍去病再次孤军深入，他率着一万骑兵千里奔袭，冲出了焉支山。那里是匈奴休屠王的领地，霍去病与匈奴部队相遇，斩杀了折兰王、卢侯王等匈奴显贵，更获首虏八千九百余级，还得到了休屠王祭天用的金人。这年夏天，霍去病与老将公孙敖再次出击，两人各带一万人马。由于匈奴人被汉朝打得不断西迁、北迁，所以霍去病与公孙敖都是越追越远，他们奔袭两千余里，在祁连山附近杀匈奴兵三万余人，俘虏了七十余个小王以下的匈奴贵族。

这次战争之后，匈奴单于对浑邪王、休屠王的损失非常生气，想要杀他们泄愤。消息走漏，浑邪王和休屠王于是出逃降汉，把队伍带到了汉匈边境。武帝害怕此二人是诈降，其目的是趁机犯边，所以派霍去病率兵迎降。这时候休屠王突然反悔，想要回到匈奴，浑邪王于是趁机将他杀了，又收了他的人马，这时候霍去病刚好渡河赶到。浑邪王的手下见到霍去病来了，大多都不愿意投降汉朝，于是返身北逃的不在少数，浑邪王制止不了。霍去病便率军驰入浑邪王军中，见着逃跑的挥刀就砍。就这样，在杀了八千多人之后，终于没有人敢再逃了。由于这一次的功劳，武帝又增加了霍去病一千七百户的食邑。

这一年下来，匈奴人损失惨重，不光死了很多人，走了很多人，更丧失了植被优良的祁连山、焉支山等天然牧场。

"亡我祁连山，使我六畜不蕃息；失我焉支山，失我嫁妇无颜色。"这是霍去病的屠刀带给匈奴人的痛苦呻吟。

赵信投降后，为匈奴单于分析了汉匈之间的实力对比。他告诉单于说，汉地广大，人口众多，社会富庶，而匈奴则恰恰相反，与之争胜，是不可能有好结果的。此前伊稚斜单于一直奉行与汉朝硬碰硬的战争策略，结果战场上屡屡失败，付出了惨重代价。赵信的话可谓是一语惊醒梦中人，所以此后匈奴的对汉策略是回复到以前那种来去如风的抢掠，一击不中立马退回大漠深处，不与汉军纠缠。当时，为了避免汉军的远袭，匈奴人向北逃得更远了。

元狩四年（公元前119年），匈奴人入右北平、定襄，杀掠数千人后远遁大漠。武帝决定报复匈奴人，给他们一次致命打击，遂令卫青、霍去病各领五万骑兵远征匈奴。不光如此，还从民间私募了战马近四万匹，而负责接应的步兵和为军队转运粮饷的人加起来竟达数十万。这是武帝发动对匈战争以来的最大手笔。不过武帝显然更看好霍去病，因为配给霍去病的骑兵都是"敢力战深入之士"，想来其装备也要优于卫青部。

但是卫青的威望是多年累积下来的,所以李广、公孙贺等战功卓著的骁将还是归在他的旗下。卫青部出定襄,远走千余里后与伊稚斜亲统部队相遇于黄沙之中,两军列阵相持。当天傍晚,大风毫无征兆地猛刮起来,一时间黄沙漫天,伸手不见五指,匈奴人阵脚大乱。卫青则分出两股部队从左右包抄单于,匈奴大败,单于在数百匈奴勇士的护佑下从西北角遁逃。卫青发轻骑急追,整整一夜衔尾不放,但终无所得。是役也,汉军向北追杀至寘颜山赵信城而还,共斩杀匈奴一万九千余人。

而在此过程中,李广因为没有向导,在半途迷路,所以当他来到战场的时候,大将军与匈奴单于的战斗早结束了。卫青欲上书向武帝陈明原因,李广却来个一言不发,当长史逼李广去军幕府自述之时,李广自杀,"不复对刀笔吏"。一代名将就此身死。李广的儿子认为是卫青逼死了父亲。

上次出击匈奴的时候,苏建部全军覆没,按律当诛,不过卫青并没有杀他,而是将他带回长安,请求武帝亲自发落,最后武帝饶苏建不死,但令他"赎为庶人"。从卫青一贯的与人为善来看,他未必有意逼死李广。

而霍去病的五万大军在沙漠里纵横驰奔,终于在两千里外与匈奴左贤王相遇。霍去病凭着卓越的指挥能力和果敢的进取精神,将匈奴人杀得大败,获王级以上的共有三人,其余将军、国相等共八十三人,得首虏七万零四百四十三级,更在狼居胥山封禅而还,这是史无前例的大胜利。此后,匈奴彻底被打散了,再也无法凝聚成有效的力量与汉朝对峙抗衡了。武帝加给霍去病五千八百户食邑,以嘉奖他的盖世功劳。

可是此次出征,汉人也是损失惨重。出征时共有战马十四万匹,可回来的时候却不足三万;汉人杀匈奴人共九万还多,可是汉家子弟也死伤数万。战争从来就不是只看谁的血多血少,而是谁能坚持到最后罢了。匈奴人没坚持下来,先败了。

此前的历次对匈战争加起来,汉人共杀匈奴十八万人,其中一大半都是后起之秀霍去病及部下斩杀的。所以武帝日益亲厚霍去病,让他与卫青同领大司马衔。此前的卫青是"一枝独秀"的,所以霍去病的升,也就是卫青的降。对待这些浮云般的名利,卫青一向不在乎,所以他的故交、门客离开他而投奔霍去病,他也只是笑笑而已。

之前说李广的儿子李敢认为卫青逼死了父亲,所以曾暗中偷袭卫青,不过卫青只是受了轻伤,他能体会李敢的心情,没有将事情上报,也没把这事放在心上。霍去病就不同了,有一次霍去病和李敢一起陪同武帝打猎,霍去病在背后放冷箭,将李敢射杀。武帝偏袒,为霍去病隐瞒了事实,只对外宣称李敢是被鹿给撞死的。

霍去病能取得如此骄人的战绩,并不能因此认为卫青的军事才华不如他。其实,这完全是两个人不同的性格所致。卫青宽厚仁慈,爱惜士卒,所以在他看来,孤军深入这样的冒险行为并非总是可取的,他只有在很有把握的时候才会出击。霍去病虽然出身贫贱,但是一直过的都是贵公子的生活,这让他与下层出身的士兵难免有隔阂,其表现为,当他归来的时候,辎重车里的酒肉都已腐臭了,可是却不断有士兵饥饿而死。与卫青相比,年轻的霍去病不懂得什么是"悲天",什么是"悯人"。

也许是杀伐过盛,遭了天谴。年纪轻轻的霍去病忽然得了暴疾而死,那一年他只有二十四岁。霍去病死后,武帝非常伤心,将他的墓修成祁连山的模样,以表彰他的战绩。霍去病的墓,就修在武帝墓的一旁,可见武帝对他的爱惜。

经过卫青、霍去病的连连打击,匈奴人的日子可谓江河日下,他们不断地向北迁徙,躲避汉人的追击。自此以后,匈奴人再也不能像以前那样对汉朝造成威胁了。

李陵降敌

天汉二年（公元前99年），贰师将军李广利奉命率领三万骑出酒泉，与匈奴右贤王战于天山，斩首万余人，然李广利本是庸才，经此一役，汉军亦损十之六七。

李广利回师南下时，又被匈奴军队包围，几乎全军覆没，幸亏假司马赵充国率将士百人拼死突围，打乱敌人阵脚，才终于捡得一条性命。

"飞将军"李广的孙子李陵这时主动请缨，说愿意带领五千人出居延，接应李广利。原来，李陵虽有将才，李广利却只要他负责运送粮草，李陵当然无法一展所长。这下机会来了。

可是，打了这么多年，汉朝的府库早已虚了，可用的战马也越来越少。武帝对李陵说，没有那么多的战马。言下之意，是反对李陵出征。李陵这年只有二十出头，正所谓初生牛犊不怕虎；况且祖父李广一辈子威名赫赫，却从未封侯，最后含恨自杀，这成了压在李家人心头的一块大石。所以，为了自己，为了家族，李陵没有退却，坚持要出关一战匈奴。

武帝最喜欢年轻人一往无前的气概，于是点头应允。武帝爱李陵之才，不肯让他白白送死，于是下诏叫"伏波将军"路博德为李陵后援，在必要时接应他。可是路博德推说，如今是秋天，塞外草肥，正是匈奴兵强马壮的时候，不宜出征，不如等到明年春天，待其匮乏，我愿与李陵一起出征。

武帝阅览了路博德的上书,拍案大怒,他以为是李陵怕了,所以让路博德站出来推搪。

于是在没有战马、没有后应的情况下,李陵出发了。他并不害怕,因为虽然没有战马,但是他麾下的每一个士兵都是千锤百炼的精兵,每个人都配有当时最先进的强弩。然而,李陵没想到的是,这一走,便再也没能回来。

一个月后,李陵军与匈奴三万骑兵相遇在浚稽山。匈奴人多,遂将李陵部围在两山之间。李陵命军士在营前摆上辎重车阵,抵御匈奴骑兵的冲击。紧挨着辎重车后面的,是持戟荷盾的人墙兵士,人墙之后,列的是持着弓箭的士兵。每当匈奴骑兵想要冲过来的时候,迎接他们的尽是如雨的利箭。弓弦嗡嗡之声不绝,匈奴兵应弦而倒,伤亡惨重。于是败退上山,李陵领着汉兵乘胜追击,杀了几千人。

匈奴单于怕了,原先他欺李陵人少,以为片刻就可把他拿下。哪知道他所面对的不是五千血肉之躯,而是杀红了眼的魔鬼。于是急调左右两部共八万余人,希望可以靠人海战术战而胜之。李陵部果然加速伤亡,不支后退。李陵问道:"吾士气少衰而鼓不起者,何也?军中岂有女子乎?"李陵怀疑是兵士耽于妇人之乐而丧失了战斗力。早在一个月前,刚出征时,便有兵士将关东盗贼的妻子抢来,藏在车里,用以安慰"寂寞的旅途"。时士气已衰,需要血的激励,所以李陵将这些女子找了出来,全部杀头。李陵斩杀妇人,与项羽破釜沉舟一样,都是要告诉将士们,想要财货妇人,就冲出去!

果然,士气迅速回升,第二日双方开战,李陵部斩杀了三千余匈奴。

但是,人数上巨大的劣势是不可弥补的。李陵军虽然又杀了数千匈奴兵,但自身伤亡也不小,而弓箭越来越少,于是且战且退。匈奴损失惨重,单于就有了疑虑——这支汉朝精兵战斗力强悍,我们久攻不下,一点点追着他们往南走,难懂他们只是一个诱饵,在前面有着大队的兵马潜伏,就等着我们入套?于是有了退意。匈奴将领倒没想这么多,他们劝道,我们几万人打人家几千人,却打不赢,以后恐怕再也无法叫周边部落臣服,而汉朝也会因此更加轻视我们!

两军相持数日,匈奴又损失两千多人。匈奴这次真的想退了。而其实李陵此时也是山穷水尽,矢尽粮绝。

本来,胜利就在眼前,谁承想这时出了一个叛徒管敢。管敢为校尉所辱,一气之下投降匈奴,把李陵率部外强中干的实情都说了。于是单于不顾一切地发动总攻。汉军的箭矢仍如飞蝗,箭矢不可再生,可是总有射尽的时候。且匈奴军处在高山,居高临下,占尽了地利,他们的箭矢之密,从天上往下看,就像是泼往山谷中汉军的黑水!汉军溃了,"南撤,未至鞮汗山,一日五十万矢皆尽",如此,也就失去了最后的凭借。

此时的汉军只有三千人了,在没了强弩劲箭的优势之下,他们只能拿起短刀、车辐与匈奴兵肉搏,而他们身在峡谷,被匈奴前后堵住,再无退路!

站着的越来越少,倒下的越来越多,身边尽是狰狞死尸发出的恶臭,耳边尽是痛苦无告的呻吟。夕阳西下,李陵对着天边那一抹凄艳的血色,长叹说:"兵败,死矣!"已有了末路悲意。军吏劝道:"将军威震匈奴,天命不遂,后求道径还归,如浞野侯为虏所得,后亡还,天子客遇之,况于将军乎!"浞野侯就是赵破奴,他曾被匈奴人俘虏,后来逃回汉朝,受到武帝礼遇。军吏提到赵破奴,其实是要李陵投降。李陵知道他的意思,说:"公止!吾不死,非壮士也。"

于是李陵"斩尽旌旗",又将随身珍宝都埋了,慨叹说:"要是仍有几十支箭,我就可以脱身。现在无兵可以再战,明天我们只有受缚一途。所以大家四散逃了吧,各凭天命,定有能够逃出重围的人将我们的经历报告给天子。"

阴云蔽月,李陵与成安侯韩延年领着十几个人突出重围,后面跟着数千匈奴追兵。韩延年战死。李陵仰天长叹:"无面目报陛下。"遂降。

惨遭宫刑，向死而生

消息传来，朝堂上一片压抑的沉默。

李陵的投降，无疑打了武帝一个响亮的耳光——几十年来，他不惜民力，不恤国本，与匈奴开战，为的不就是争那么一口气吗？可是李陵把他几十年来攒下来的这口气给放了。

武帝的眼睛冷冷地扫过阶下的百官，众人立刻闻弦歌而知雅意，一时间"卖国贼""没骨气"等词儿正气凛然地在朝堂上晃来荡去，唯有一人长身而立、一言不发，这个人就是司马迁。

司马迁是夏阳（今陕西韩城）人。司马氏世代为史官，最早可以追溯到传说中的颛顼时代。武帝时始置太史令一职，司马迁的父亲司马谈就做了第一任太史令。司马谈学识渊博，其所作《论六家要旨》，对先秦以来的几家显学都做了系统的总结，并分析其短长得失，这在历史上是第一次。

司马谈有志于记录历史，很早就开始搜集材料，可是没能够真正着手写作时就病死在洛阳。司马谈死前，司马迁恰好赶到洛阳，父子俩得见最后一面。司马谈拉着司马迁的手说："我们家世代为史官，难道我们的事业到了我这里就要结束么？我死之后，你必然接着做太史令，可千万不要忘了我一直以来想写史书的事，这是扬名后世、光显父母以尽孝的大事!"司马谈哭了,司马迁也哭了,他哽咽地说:"我虽然笨,但一定继承祖宗事业,不敢忘怀!"这一年,司马迁大约是三十五岁。

司马谈死后三年,司马迁守丧完毕,出任太史令。一切都很顺利,他将要在任期内,凭着以往的所学和见闻,凭着广博多样的皇家藏书,写出一部前所未有的史书。没想到,不久便横生大变,改写了他的整个生命。

武帝注意到了静默的司马迁。

武帝问他:"你有什么意见?"

前些天,李陵以少胜多的骄人战果传入长安之时,武帝非常高兴,于是满朝上下一片欢腾,赞誉之声不绝于口。可现在呢?

只有司马迁站了出来,开始为李陵说话,大意如下:

李陵只有二十出头,他不顾个人的生死而赴国家之危难,这已经非常难得。他带着不满五千的步卒,深入匈奴领地,与十数倍于己的敌人交战,前后十余日,杀敌人数早已超过了自己部队的损失,匈奴被他杀得人仰马翻,上下震恐,这是为我天汉打出了威风,理当受奖。但是寡不敌众,李陵不得不节节后退。当箭矢射空,伤亡惨重的士卒仍不放弃,他们不恤身体,与匈奴奋力厮杀,争着赴死,当然是为了报答天子的恩德。李陵所立之功,即使与古代的名将相比,也毫不逊色。李陵是虽败犹胜,他乃将门虎子,这次投降一定不是出于真心,而是等待机会为大汉立功。

武帝听得不住点头,无奈司马迁还没有说完:"况且贰师将军率领三万人出征,随着他回来的兵士却所剩无几,可谓'虽胜犹败'。"

这句话不说还好,一说就点到了武帝的痛点——贰师将军李广利是武帝一手捧起来的啊,司马迁拿谁比不好,偏偏选上了李广利。"这是在骂李广利吗?这分明是在骂朕,是在诋毁朝廷!"武帝一怒之下,遂将司马迁下狱,判了死刑。

在汉代，被判了死刑不是非死不可，要活下去有两种办法。一个是出钱赎罪，比如李广就曾以此换得一条性命，可是李家世代为将，家资不菲；而司马氏虽也世代为官，却都是"仆、祝之间"的史官，并不富有。此路显然不通。另一条路就是接受屈辱的宫刑。

生存还是毁灭？这要看为什么而生，为什么而死。

司马迁很明白，生命本身是没有意义的，生命的意义全靠我们自己来赋予，靠我们自己的行动，自己的生命轨迹来填充。所以他说："人固有一死，或重于泰山，或轻于鸿毛，用之所趋异也。"

如果就此而死，一事无成，那就比鸿毛还轻。司马迁想起了父亲临终前的叮嘱，想起了自己未竟的史书，所以他选择了接受宫刑。"活下去！找到我生命的意义！"司马迁在心底吼着。

"史家之绝唱，无韵之离骚"的《史记》得以问世。

第十一章

巫蛊之案祸国

越走越远的两父子

巫蛊之祸是发生在武帝晚年的一个重大事件。它持续的时间长达数年，为此而死的人多达数万，其中包括皇后、太子、公主等皇室贵族，也包括丞相、御史大夫等朝廷重臣，既有地痞无赖，也有死刑囚犯；即使巫蛊之祸结束，其"伤口"也远远未曾愈合，甚至影响到"后巫蛊时代"武帝的内政与外交。

武帝的第一个皇后陈阿娇，因为妒忌卫子夫而行巫蛊诅咒她。事发后，武帝大怒，诛杀了三百多人，又废了陈阿娇的皇后位，把她打入冷宫。此后，陈阿娇的母亲、扶助武帝登基的关键人物、长公主刘嫖也心灰意冷，退而寻欢作乐，再不能像以前那样发挥其在朝野上下的巨大影响力了。这件事真相到底怎样，现在已经很难说清。巧合的是，因巫蛊而"扫清道路"、被封皇后的卫子夫也因巫蛊而自缢身亡，可谓成也巫蛊败也巫蛊。不光是她，巫蛊之祸中，原来权倾天下的卫氏家族也跟着集体败亡。所以说，巫术只能算所巫蛊事件的一个"起点"或者借口，事件的背后是各方势力的博弈和荣辱沉浮。

太子刘据是武帝二十九岁才得的长子，也是唯一的嫡子，曾一度受到武帝的宠爱。刘据甫一出生，武帝就命人为他写《皇太子赋》一文，欣喜之情溢于言表。七岁时，刘据被立为太子，武帝又建了"博望苑"——"博望"即博闻的意思，出使西域的张骞就曾被封为"博望侯"——让他在里面与宾客往来，又找来天下的名儒向他传授《公羊春秋》和《谷梁春秋》。武帝兴儒学的理论靠山、一代大儒董仲舒就是《公羊春秋》派的传人。所以，武帝让太子学《公羊春秋》，是为太子将来治国做准备。

一切都很好，迎接刘据的将是一个金光灿灿的宝座和一片雄壮的河山。只可惜时间是世上最强的毒药，在它的腐蚀下，任何东西都要面目全非，所以古人有沧海桑田之叹。

等到刘据长大成人，性格越发仁恕温和谨慎，这本是好事，可是武帝是一个大有为的雄主，温良的刘据实在不对他的胃口。卫子夫老了，武帝再不能像以前那样对她感兴趣了，而新受宠的王夫人和李夫人都为武帝生了男孩。于是卫子夫母子俩渐渐失宠，心中生出了不安之意。

武帝察觉了他们的心思，就对卫青说："汉家庶事草创，加四夷侵陵中国，朕不变更制度，后世无法；不出师征伐，天下不安；为此者不得不劳民。若后世又如朕所为，是袭亡秦之迹也。太子敦重好静，比能安天下，不使朕忧。欲求守文之主，安有贤于太子乎？闻皇后与太子有不安之意，岂有之邪？可以意晓之。"卫青听了叩首拜谢。卫子夫听说这件事，也向武帝脱簪谢罪。

武帝在乎太子怎么想，而且还不直接告诉他，而是通过军功赫赫的卫青来安抚他，足见武帝这时候还非常地爱护刘据。

太子是将来的皇帝，他的身边自然会聚集一批人。《资治通鉴》上说，"群臣宽厚长者皆附太子"。

武帝周围的人却不同，他所用的人中有很多文法吏，这些人与汉初军功集团里的那些贵族很不一样，他们多是出身底层。这样的人，如果要出人头地、光耀门楣，就只有立功。功从何来？不立杀贼之功便不是英雄，而贼不是时时处处都有的，没有的时候只好自己把他"造出来",于是该收监的就判杀头,该杀头的就严刑逼供,诱他把别人也牵进来,于是一杀杀一片。当皇帝看到这些文法吏呈上来的密密麻麻的工作报告时,当然会惊叹这人怎么如此地能干,于是大加褒奖,加其官晋其爵。

当然,武帝的严刑峻法,根本上是因为他的性格和一系列政策。武帝骨子里是一个极端专制的人,他不能容忍自己的权力被别人瓜分,所以扶植底层出身的文法吏,让他们以法令绳墨贵族,乃是要打击他们,把权力从贵族私门收归自己手上——朝上文法吏的数量和比例不断增多,文法吏不像贵族那样有家族依靠,所以武帝把生杀予夺的大权握得更紧了。而武帝的政策,如打击豪强,以及为了充实国库强行征财产税(算缗,告缗)都须以强力推行,否则根本进行不下去。文法吏正好满足了武帝的这种需要。

武帝严苛,太子却宽厚,他是反对武帝的严刑峻法的,于是每有判狱,太子多为其平反——这是堵住了文法吏立功的门路啊。所以太子虽得到了百姓的爱戴,却得罪了这些文法酷吏。卫子夫这时已可算饱经沧桑,她怕久而久之,太子会因此获罪,所以劝他不要总是坚持己见,而应该与武帝的步调保持一致。武帝听说这件事,反应很奇怪,他赞扬了刘据,批评了卫子夫。可是,既然如此,他为什么不听从太子的轻徭薄赋,不事征伐的劝谏呢,还说:"吾当其劳,以逸遗汝,不亦可乎!"不听也就罢了,他继续任用文法吏,但没有加强对刘据的保护。等到卫青这个卫氏家族最大的支柱倒了之后,文法吏的春天来了,他们肆无忌惮地公开诋毁太子。

这时候的武帝已经老了,身体一天比一天差,人也越来越多疑,他长期躲在甘泉宫里不出来,皇后和太子难得见他一面,这就给这些人在父子俩之间制造裂痕和对抗留下了空间。

武帝晚年宠爱的一个宦官叫作苏文,他也是"深酷用法者"的一党。有一次太子入宫探望皇后,半天时光才从宫里转出来。苏文就向武帝"告密"说:"太子在皇后宫中调戏宫女。"武帝于是将太子宫里的宫女增加到二百人。卫皇后听说这件事,就让刘据向武帝禀明实情,请求诛杀苏文。刘据说:"清者自清,我何必怕这种小人的污蔑?更何况父皇英明,不会相信这些逸言,母后无须忧虑。"

常融是苏文手下的小太监。有一次武帝病了,派他去召见太子。常融回来报告说,太子听了皇上身体违和,面有喜色。武帝冷笑,没有说话。等到太子来了,武帝发现太子脸上挂有泪痕,可是当着武帝的面仍然强颜欢笑。武帝这才发觉常融的挑拨,于是将他处死。

由此可见,"深酷用法者"的毒计手段是一波接着一波的。而刘据对武帝的信心也太过了,所谓"众口铄金""积毁销骨",若连皇帝的面都见不到,长此以往,即使他对武帝有信心,武帝对他也没信心了。

倾国两佳人

卫家是因卫子夫得宠而发迹。卫家有美女，别人家就没有吗？李家就出了一个李夫人。

李夫人能被武帝看中并收入后宫，着实她哥哥李延年的一番心思。李延年早年因犯罪而被施以腐刑，作为一个精通音律的歌者，他善作曲，屡屡为司马相如等文人新写的诗词配曲，"每为新声变曲，闻者莫不感动"，"佩二千石印绶"。

太史公和班固都将李延年归入《佞幸传》，大概就是因为他凭借这歌艺而不是建功立业博得宠爱。这在太史公和班固等恪守礼义的正统知识分子看来，当然不是正途。但是另有一种解释，说李延年是因为做了武帝的男宠所以得到武帝"特别的关照"，因为太史公对佞幸的解释是"柔曼之倾意，非独女德，盖亦有男色焉"，而史书上也确实有"与上卧起"的记载。他真与韩嫣一样，是武帝的男宠吗？

李延年长年在武帝身边，知道他"求美若渴"的心理，于是宴饮时在武帝面前唱道："北方有佳人，绝世而独立。一顾倾人城，再顾倾人国。宁不知倾城与倾国，佳人难再得。"武帝顿时起了兴致问，世上真有这样的佳人吗？平阳公主就说，这佳人就是延年的妹妹啊。后面的事可想而知。

不过李夫人红颜薄命，不久就病入膏肓。武帝前来看她，她却蒙着被子躲在宫帐里不肯相见。武帝问她有什么愿望。李夫人就说自己命不久矣，只希望自己的兄弟在自己死后能够显贵，这样她就可以放心地走了。武帝说，你让我看一下，稍慰相思之情，我当着你的面立刻封赏他们，这样不是更好吗？李夫人却不答应，只说，封赏与否，全在陛下，见不见面都没关系。

武帝只得怏怏离开。

于是左右宫人问李夫人，为什么要拒绝武帝，让他不快？李夫人于是说了那段著名的话：

"所以不欲见帝者，乃欲以深托兄弟也。我以容貌之好，得从微贱爱幸于上。夫以色事人者，色衰而爱弛，爱弛则恩绝。上所以挛挛顾念我者，乃以平生容貌也。今见我毁坏，颜色非故，必畏恶吐弃我，意尚肯复追思闵录其兄弟哉！"

果然，在李夫人死后，她的哥哥李延年被封为协律都尉，李广利也做了贰师将军。卫青死后，对匈作战都由李广利来主持，李广利的影响越来越大了。

李夫人之后还有钩弋夫人。

这年武帝已经六十一岁了，他巡游河间的时候，"望气者"说这里有奇女子，"天子亟使使召之"，看来很急迫。

这个女子就是著名的"钩弋夫人"，那年她只有十五岁左右。她的奇就在于两手始终紧握成拳，任谁也掰不开，人们都叫她"拳女"。武帝看她两拳垂在体侧，就叫宫女上前查验。宫女费尽气力，就是没办法掰开她的拳头。武帝更加好奇了，亲自上前"动手"，还没用力，这女孩的手就松开了，叫人啧啧称奇；更奇的是她的手里攥着一对玉钩，这莫不是从娘胎里带来的？豆蔻年华，青春妖娆，惹人怜爱，武帝把她带回宫，封她为"钩弋夫人"。

"钩弋夫人"本姓赵，在她见到武帝之前，她的父亲已经因为犯法而被处以宫刑，在宫里做了宦官。

这事就可疑了。李延年也可说是一个宦官，与武帝亲近，李夫人就是通过这位兄长"得见天颜"。钩弋夫人的"进宫"会否与李夫人相同呢？李延年谱写了一个"北方佳人"的传说，钩弋夫人的父亲就在"模仿基础上另有创造"地编造了一个"拳女"的神话。

打开钩弋夫人拳头的人是武帝，"发现"她的人却是"望气者"。而所谓望气者，其实不过相当于现在风水师，其所言多是虚无缥缈的东西，岂足以相信？其实，"望气者"与钩弋夫人的父亲之间早有勾结，一起来欺骗武帝。而这种欺骗是毫无"风险"的，他们早已摸清了武帝的夸饰性格，知道要逗起他的好奇心实在是太容易了，而一旦他双眼放光地去找这个"奇女"，事情就好办多了。为了不让武帝失望，深知武帝脾气的左右之人在一种十分奇妙的"气场"里自然不会去揭破谎言，再加上钩弋夫人手上可能确有些力气，于是"神迹"诞生了。

古人说"无欲则刚"，又说"有所求必有所失"。武帝多欲，遂让近臣佞幸牵着鼻子走，他们对晚年的武帝的影响有多么大啊！武帝此后犯了一连串的错误，其祸根都在这里。

钩弋夫人入宫后非常受宠，受封为婕妤。两年后，钩弋夫人诞下麟儿。这里又有一件奇事，这位皇子弗陵在钩弋夫人的肚子里"徘徊"了足足有十四个月。后世每有臣属向主子献媚，都必要把主子比喻为"尧舜禹汤"，其中的尧的母亲也是怀孕十四个月才把他生下的。武帝认为弗陵的诞生跟尧很像，非常高兴，于是就赐名钩弋夫人所居为"尧母门"。

武帝一生做事全凭自己的喜好，也许赐名"尧母门"不过是一时冲动，但这也的确是武帝的一个大失误。这些年来皇后卫子夫、太子刘据连见他一面都难，而他偏偏在这个时刻弄出一个"尧母门"来，下边的人会怎么想呢？也许最尴尬的就是刘据吧，他已做了几十年的太子，谁想到人到中年突然出现了一个"尧"皇弟?

　　武帝与太子政见不合，而李广利的受宠，钩弋夫人的得封"尧母"，在他人看来都是太子将要垮台的信号。从此以后，宫里的左右佞幸更不把刘据放在眼里了，因为在他们看来，刘据皇太子的位子迟早要拱手送给尚在牙牙学语的弗陵。所以苏文、常融等人才敢诬陷太子，他们的气焰正盛。

巫蛊案祸患

终西汉一朝，做过丞相的共有四十六人，其中武帝一朝就换了十三个丞相，其数量和换相的频率不仅在汉朝，放眼整个中国古代史，都是罕见的。这十三个丞相里，除去景帝安排辅佐幼主的卫绾，和武帝晚年任命并延至昭帝时代的田千秋，剩下的十一个人，三人死在任上（其中田蚡是精神错乱致死，亦属非正常死亡），三人被免职，两人有罪自杀，三人下狱被处死。

可见武帝的丞相不好做，已经隐隐有了"高危职业"的苗头。

公孙贺是武帝的倒数第三个丞相。

公孙贺，字子叔，北地义渠人。贺的祖先本是匈奴人。其祖父公孙昆邪，景帝时曾为陇西太守，因率军平定吴楚七国之乱有功，被封为平曲侯。

汉武帝一改先代的和亲政策，从元光二年（公元前133年）起发动了持续几十年的对匈战争。公孙贺有了用武之地，他在卫青手下，三次参与重大战役，七任将军，两次封侯，为武帝一朝抗击匈奴的著名将领。

公孙贺娶了卫子夫、卫青的姐姐卫君孺为妻，因此算得上以太子刘据为中心的"卫家圈子"里的一分子。

太初二年（公元前103年），丞相石庆死在任上，武帝意欲让公孙贺接任。升任丞相，按常理本是好事，公孙贺的反应却很奇怪。"不受印绶，顿首泣涕。"

武帝很疑惑。公孙贺说："我本是穷乡僻壤出身的粗人，因为在战场上杀敌立功才做了官，丞相一职干系甚大，我的才能实在不足以胜任。"武帝还是太子时，公孙贺就做过他的舍人，可谓是陪伴着武帝成长的同龄人；而武帝一生的事业此时也做得差不多了，因此也是武帝一朝文治武功的见证人。这一年的公孙贺大约有五十岁了，古人的寿命远较我们为短，所以公孙贺是一个实实在在的老人了。他泪流满面地跪在地上，同样不再年轻的武帝垂首看着他，这里就有一种触动人心的老人独有的暮年悲凉。武帝哭了，左右也陪着哭。

但对于为政者来说，这小小的情绪波动不过是一个小浪花，武帝很快"醒"过来了，要求左右扶起丞相。公孙贺还是磕头如捣蒜，不肯起身。武帝不管他，起身走了。公孙贺只能对着悬在头顶的印绶发呆——这个丞相他是做定了。

别人问他为什么如此，公孙贺说："皇上贤明，我却是愚鲁的人，怎么能追上他的思路和步子？当了丞相，责任更大，我此后危险了！"

公孙贺的悲戚并非杞人忧天，获罪而死在任上的丞相确实太多了，多得叫人害怕。前一任丞相石庆一生谨小慎微，但也数次受到武帝的训斥，更有一次靠着出钱赎罪才得以免死，所以他这个"善终"来得并不容易。

武帝喜怒无常，公孙贺如履薄冰地伺候了十一年，大祸还是降临了。

征和元年（公元前92年）夏，时在建章宫的武帝看见一个男子佩剑走入龙华门。武帝认为这是刺客，就命人去捉他。男子把剑扔掉，跑了起来，转瞬不见。于是命人大搜建章宫，结果还是找不到。

武帝遂"以为奸鬼为祟,疑为巫蛊"。这件事可谓后来祸事的前奏。

公孙贺的儿子叫作公孙敬声,他是卫君孺所出,他的姨母就是皇后卫子夫。公孙贺是由太仆升任丞相的,他做了丞相,太仆的位子就由公孙敬声补上,父子俩同时做了公卿,一时尊荣无比。公孙敬声却是个贪财之人,他挪用了北军一千九百万的军费,被人告发,按罪当诛。

就在公孙贺竭尽全力营救儿子的时候,却不想又有人告发公孙敬声与阳石公主通奸,又说他们行巫蛊诅咒武帝,巫蛊所用的木偶就埋在甘泉宫的驰道旁边。

如此有声有色、有板有眼之言,形如真的一般。武帝派人一查,果然如此。于是将公孙贺捉拿下狱,并灭了他一族,连同阳石、诸邑两位公主,以及卫青的长子、长平侯卫伉也一同株连砍头。

阳石公主、诸邑公主都是卫子夫所生。这一次巫蛊大屠杀对"卫家"是一个不小的打击。武帝连自己的女儿也杀了,这就表明了他搜巫蛊的决心。

燕赵之地奇人江充

治公孙贺家族巫蛊案的人是江充,他也是整个巫蛊祸事里的一个关键人物。

江充本名江齐,是赵地邯郸人。太史公司马迁在《货殖列传》里说,燕赵两地地薄人多,"丈夫相聚游戏,悲歌慷慨",女子鸣琴鼓瑟,穿着舞鞋到处"游媚富贵","入后宫,遍诸侯"。江齐的妹妹也是能歌善舞,江齐就把她进献给赵世子刘丹,因而做了赵王刘彭祖的宾客,终日与刘丹厮混。江齐发现,刘丹秽乱赵王的后宫,并与自己的同胞姐姐通奸。

时间一久,嫌隙渐生,刘丹怀疑江齐将自己的隐私告诉了父亲刘彭祖,就派人去捉他,却被江齐给跑了。刘丹惊怒之下,就杀了江齐的父兄。江齐向西逃入长安后,改名江充,于是上书朝廷告发刘丹的乱伦秽行,还说他结交地方上的奸猾,为祸一方。武帝闻之大怒,立即派兵逮捕刘丹,并判其死罪。

这时候,赵王刘彭祖上书说:"江充不过是一个在逃的小吏,他奸诈无常,此次上书激怒皇上不过是为了报复私怨,就算把他烹了,也没什么可惜的。我愿意挑选赵地的勇士从军出征匈奴,在战场上冒死尽忠,用以为太子刘丹赎罪。"经赵王这一劝说,武帝才赦免了刘丹的死罪，可是也不能再让其做赵世子了。

经此一事，江充受到了武帝的重视。武帝认为他不畏强权，于是把他招来。江充本来英俊貌美、体高健壮，他为了见武帝，又特地戴着高冠，披上羽毛。果然，性格夸饰猎奇的武帝一下子对他"惊为天人"，心里喜欢得不得了，还赞叹说，燕赵之地果然多有奇人。

武帝有意栽培，就以时政考校江充，江充对答如流，武帝心里更加高兴。这时江充提出一个很奇怪的要求，说要出使匈奴。武帝就问，你要用什么办法对付匈奴人。江充只以一个满不在乎的"随机应变"来应付武帝，大有孙武子的气度。武帝非常满意，于是拜江充为谒者，叫他出使匈奴。

匈奴之地并非乐土，而是苦寒之地，江充出使匈奴可能是为了立功而谋一个出身。而赵地自古与匈奴相接——战国时的赵将李牧就是因长年戍守边境、抵御匈奴而著称的——江充是赵人，难道他与匈奴另有什么渊源？不得而知，只知道后来江充大搜巫蛊时，身边总跟着一个"胡巫"檀何。而这个"胡巫"檀何就是江充向武帝推荐的，江充吹嘘说此人能望云气，哪里有巫蛊一望就知。这檀何很可能是匈奴人。

一年后，江充从匈奴载誉归来。武帝拜他为水衡都尉，不久又升他为"直指绣衣使者"。

"绣衣使者"的任务是"督三辅盗贼，禁查逾侈"。"三辅"指的就是京畿重地，"督三辅盗贼"就是缉拿不法分子，保卫京师安全。"逾侈"之"侈"就是"奢侈"，"逾"就是"逾制"，也就是"过分"，"越过了自己的本分"。比方说，身为臣子，出行时却排出天子才能有的排场，坐了天子才能坐的车，这就是"越过了自己的本分"，也就是"逾制"。

皇权社会貌似等级森严，其实只要拥有皇帝的宠爱，很多人都明目张胆地"逾制"，甚至这"逾制"都是得到皇帝的赞助的。例如，景帝宠爱弟弟梁王刘武的时候，就赐给他天子旌旗、车马，既然赏赐下来，难道是用来摆设的吗？所以是否逾制，就看皇帝怎么想了。

江充这个"绣衣使者"自然也查盗贼，禁逾侈。但他的这些工作，从后面看都是为了"搜巫蛊"做准备的。使者任上，江充"不畏强权"的精神品格接着发光发热，这点跟他的前辈郅都、张汤很像。

驰道是专为皇帝铺设，只供皇帝用的。《汉书》里说："道广五十步，三丈而树。厚筑其外，隐以金椎，树以青松。"若能在上面策马飞驰，确是人生一大快事。很多王公贵族都禁不住这个诱惑，都想在这个"皇帝专用"的御道上跑一跑。于是这里就成了禁逾侈的绣衣使者江充长期"蹲守"的地方。

这时候，助武帝登上皇位的长公主刘嫖还未死。有一天，刘嫖也驱车闯上驰道。这已是个无甚势力、整日只与面首董偃厮混的可怜虫罢了，江充当然不会放在眼里，于是把长公主训斥了一顿，又收了她的车马。后来又有许多骄奢中长大的贵族青年都"误入"驰道，江充自然要重办他们。于是这些人都向武帝交纳赎金，希望能够从轻发落。而由于连年的征讨匈奴，当时的国库已经是十去其九，这些"赎金"对武帝来说可谓雪中送炭。当然，武帝不会把那些"逾侈"的贵族子弟当作送炭人，他心目中的送炭人是江充。于是江充日益受宠。

江充越来越"正直"，越来越"不畏强权"，也因此越来越受武帝的宠幸。因果相生，他于是也更加"正直"、更加"不畏强权"起来。这时候他需要一个强有力的对手，来突显自己的"功绩"。

这个对手就是太子刘据。刘据的使者也"误入"驰道。江充毫不客气地扣下了车马。刘据闻讯后，立即赶到江充这里向他道歉，解释道："我并非爱惜车马，而是对左右约束不够、管教不严。希望您能为我隐瞒，不让皇上知道此事。"太子或许不知道，他这种示弱的姿态真是应了那句"长他人志气，灭自己威风"。江充嘿然冷笑，转身就把这事上奏武帝。

"人臣当如是矣。"武帝的褒奖毫不吝啬。其实，这也是江充自保的手段——做都做了，索性把事情闹大，这样就算太子怀恨在心，也只能闷在肚里，因为任何对抗性的行动都会被武帝视作报复。

巫蛊扩大，血流成河

有一天武帝午睡，梦见无数小木人拿着木棒劈头盖脸地打过来，他想躲却无处可躲，想醒又怎么都醒不过来。好不容易醒来时，已是一身冷汗，连衣服都湿透了。自此，武帝的身体一天不如一天，记性也越来越差。

江充趁机进言，说这是因为虽把公孙贺灭族，可是仍有人在暗中以巫蛊诅咒皇帝。又找来胡巫檀何望气。檀何仰头看天好一会儿说："宫中有蛊气，不消灭这蛊气，皇上的身体不会好转。"还没享受够权力富贵的武帝只能点头。江充于是主动请缨，说要大搜巫蛊。武帝准奏，又派按道侯韩说、御史章赣和曾经诬告太子的黄门苏文等人做江充的助手。

江充的目标是太子，可是他非常聪明，没有直奔主题，而是先从宫里被冷落的妃嫔居处入手——这些人被武帝冷落，心中少不了怨恨吧？果然一路斩获颇丰，搜出不少偶人。有人大喊冤枉，江充却冷笑森森。

这一次，他搜得更加理直气壮了，终于搜到了皇后和太子的居所。前面费了那么多的波折，就是为了来这儿，不搜到什么，江充是不会停手的。于是掘地三尺，原本富丽堂皇的宫殿霎时变得千疮百孔,泥坑满地,连放床的地方都没有了,而木偶们一个个十分配合地从地底踊跃跳了出来。

刘据目瞪口呆,卫子夫的脸色一片惨白。这一会儿,太子真是怕了,因为他完全不知道怎么回事,却只能吃哑巴亏。他想要亲自去甘泉宫面圣,洗刷自己的不白之冤,可是少傅石德劝住了他。

石德问太子有多久没见到皇帝了,刘据愕然以对,说不出话来。石德说:"皇上恐怕已经不在甘泉宫,就算仍在,江充等人逼得这么急,岂会给我们辩白的机会。你难道忘了秦朝太子扶苏的旧事了吗?"(注:秦始皇驾崩后,胡亥欲夺皇位,于是矫诏赐死戍守边疆的原太子扶苏。)

太子想起了自己的姨父、前丞相公孙贺,又想起了表哥卫伉。于是发了狠,派人假冒使者矫诏收捕江充,江充的副手韩说不肯受诏,"使者"遂砍了他的脑袋。又与母亲卫皇后商量,打开武库,将兵器分发给侍卫,全城戒严,搜查涉嫌巫蛊之人,并诏令百官江充谋反。缚手缚脚的江充狼狈地跪在刘据面前,再无半点此前的嚣张气焰。刘据吼道:"赵虏!前乱乃国王父子不足邪!乃复乱吾父子也!"于是亲手砍了江充,又把江充身边的胡巫聚到上林苑中活活烧死。

但是,苏文侥幸活了下来,他跑到甘泉宫向武帝报告说太子杀死江充,谋反了。武帝不信,他认为太子仁厚老实,一定是江充逼人太甚,太子才有如此激烈的行为。于是命使者召太子前来。这使者大概也是苏文一伙,他不敢面见太子,所以半路跑了回来,言之凿凿地说,太子确实反了。

至此父子俩已经失去了最后的沟通机会,新任孙丞相武帝下诏给刘屈氂:"捕斩反者,自有赏罚。以牛车为橹,毋接短兵,多杀伤士众!紧闭城门,毋令反者得出!"走出甘泉宫,亲自到建章宫督战。又征调三辅的兵,二千石以下的官员都归刘屈氂调遣。

刘据这时已经没有退路,只能一条道走到底。他诏令百官,说皇帝病在甘泉宫，久已没有消息，恐怕已遭不测，现在江充等奸臣想要作乱，又命少傅石德和宾客张光放出长安城监狱里的所有囚犯，发给他们武器，准备跟城外大军打下去。

此刻，朝野上下，很多人都是一片茫然，不知道发生了什么事，所以无论是城里还是城外，双方都在争取各路军队。长安囚徒里有个如侯，刘据把旌节赐给他，叫他去发动屯驻在长水和宣曲的匈奴军队（他们早在多年前已投降汉朝，被安置在长水等地）。侍郎马通进了长安，听说此事，立即抓捕如侯，又告诉匈奴将领说，"旌节有诈，是太子冒发的，你们不要听信（太子的指挥）"，于是把如侯砍了。又在赤红的符节上加了一道黄旄以作区别。

太子来到北军大营，希望得到北军的支持。北军首领任安，虽然受了太子所赐的旌节，但是受节后转身就回了营，从此闭门不出。太子无法，只得发动长安城里的群众。太子素有仁厚的声名，因此百姓纷纷支持，跟随他一起作战的共有四万长安市民。城内外，矢石往来纷飞，几天下来，死者数万。这时候太子造反的言论在民间传开了，很多人拒绝再为太子出力，甚至不少人开始转向支持刘屈氂的军队。

不久，太子兵败，慌乱中逃往长安南门。戍守南门的是丞相的属官司直田仁。田仁是田叔的儿子，他认为武帝和刘据终归是父子，没有过分地逼迫太子，于是太子得以逃出生天。

刘屈氂想要斩杀田仁。御史大夫暴胜之劝道，司直是二千石的大官，要杀他也要先向武帝禀明，岂可擅自做主？软耳朵的刘屈氂于是就把田仁给放了。武帝大怒，将暴胜之下狱，让审案的文法吏问他："司直田仁私放叛贼，丞相要杀他，合理合法，为什么要阻拦他！"暴胜之恐惧自杀。

大乱一平，武帝开始算账了。他先是遣宗正刘长、执金吾刘敢去收卫子夫的玺绶，卫子夫跟了武帝这么多年，知道他的手段和性格，于是含恨自杀。下一个轮到了任安，这位北军使者护军两不相帮，被武帝看成是骑墙坐观成败，然后依附胜者，于是把他跟田仁一起腰斩。其他如石德、张光等太子身边人和宾客全部诛杀，一个不留。而抓捕石德他们的人，都因功封侯。

太子外逃，武帝担心他有什么阴谋，所以在长安各城门都屯有重兵。其实这完全是多此一举，刘据还能掀起什么浪呢，何况他本没有篡逆的野心。

武帝的怒火未熄，所以朝中虽有不少人都知道太子是被冤枉的，但没有一个人敢在这时候站出来为太子说话，因那无异于自己找枪口去撞。这时候，壶关三老冒死站了出来。

所谓"壶关三老"并非指三个人。壶关是地名，今山西省东南。三老是长管教化的地方官。这个壶关三老的名字叫令狐茂。

令狐茂向武帝上书的内容大致如下：

我听说父亲如天，母亲如地，而子女就如同天地间生长的万物。所以，天地平安，阴阳调和，万物才能茂盛生长；父慈母爱，家庭和睦，子孙才能孝顺。皇太子是陛下的血脉，皇位的继承人，他要承担万世的基业和祖宗的托付。江充不过是一介平民，街头巷尾的流氓，陛下使他显贵，任用他，他秉承皇帝的诏命来逼迫太子，那么一定会横生是非、掩盖真相，于是父子日益隔阂。太子进不能面圣陈情，退则为江充等小人逼迫，冤屈无告，愤怒难忍，于是杀了江充，畏罪潜逃。儿子盗取父亲的兵卒，不过是为了救难自免。我私下认为，太子并无篡逆谋反之心。《诗经》上说，"营营青蝇，止于藩。恺悌君子，无信谗言。谗言罔极，交乱四国。"江充谗言惑上，想杀太子立功，天下人莫不知晓。陛下不省察自己，只把罪过推给太子；盛怒之下又亲自上阵，发大兵抓捕太子。智者不敢申说，辩士也只好闭嘴，我私下为陛下感到心痛。只希望陛下能够宽心解疑，体察父子亲情，不要继续责备太子，停止搜捕，别让太子长久地流亡在外。臣不胜惶恐之际，随时准备给陛下杀头，现在正待罪在建章宫门外。

这封上书写得可谓情理并茂。"毕竟是自己的儿子",武帝有些醒悟了,不过没有明言赦了太子之罪。这可能是为了要"面子",一时低不下头。他没想到的是,就是因为这一时的徘徊和犹豫,他和刘据再也没有机会见面了。

刘据带着两个儿子逃到湖县(今河南灵宝县附近),躲在泉鸠里的一个人家里。这家人非常穷困,主人靠贩卖草鞋为生。刘据三人的到来,无疑给主人家增加了不小的负担。刘据想起了附近一个有钱的朋友,就叫人去通知他说自己在这儿,以求得到接济。刘据是皇太子,史书上关于他的生平记述非常简略,他长时间住在长安,怎么突然多了一位家住河南的朋友呢?此人也许是曾到博望苑、与太子交游的宾客吧。可是这个有钱的朋友却让太子失望了,因为不久就有官吏前来围捕了,消息只可能是这个有钱人放出去的。

门外的脚步声砰砰响起,每一下都像是踩在刘据的心上。突然间,他摆脱焦虑,静了下来,过去到现在那一条隐蔽而崎岖的路清晰地呈现在他的眼前,再无任何神秘可言。昨日受尽荣光的太子,今天惶惶如丧家之犬的囚犯,一切都是命,没什么好怨的。

厮杀声响了一会儿,卖鞋的主人终于不支战死。这个没有留下名字的人是真正的英雄,因为他无愧于"义"这个字。

当山阳人张富昌踢开了穷人家的破烂的木门之时,悬在梁上的刘据和两个皇孙都已经断气多时,他愣住了,不知如何是好。张富昌的身后是新安令史李寿,他推开张富昌,把刘据解了下来。刘据的身体是软的,面容也很安详,这年他只有三十七岁。

武帝伤痛太子的离世,于是封李寿为邘侯,张富昌为题侯。

刘据平反

刘据死了，年老的武帝也奄奄一息。

剩下的几个皇子之中，以燕王刘旦年龄最长，他是武帝与李姬所生。本来一辈子只能在地方上做一个诸侯王了，没想到现在突然得到登上皇位的机会。于是刘旦遣使上书武帝，说入长安服侍在武帝的病榻前，以尽孝心。

受伤而行走的荒原孤狼是不能露出疲态的，因为无数饿狼都在盯着它，等它软下去的那一刻，那些饿狼就会蜂拥而至，将它剥皮拆骨。在权力争夺中摸爬滚打了一辈子的武帝怎么会不知道这个道理？

就这样，在武帝冷笑中，刘旦使者的脑袋被砍了。同时武帝顺藤摸瓜，查出刘旦的违法事实，削了他三个县的封地，后者的如意算盘就这样被打破。

刘旦不过是个出头鸟，想争皇位的大有人在。征和三年（公元前90年），匈奴寇犯五原、酒泉，杀汉朝都尉两人，武帝遂使贰师将军李广利率七万人出征匈奴。丞相刘屈氂送他到渭河边，两人饮酒饯别。这两人之所以如此亲密，是因为他们本是亲家——李广利的女儿嫁给了刘屈氂的儿子——于是两人无话不谈，李广利对刘屈氂说："若昌邑王（即李广利妹妹李夫人所生刘髆）能够继承大统，你我终身富贵岂非指日可待？愿君侯（刘屈氂被封为彭侯）早做打算。"

李广利和刘屈氂分掌军政两界，若他们联合起来，拥立昌邑王确有可能。无奈他们心太急了，并没有从刘旦的身上吸取教训。

令长郭穰向武帝报告说，丞相刘屈氂的夫人请巫师在家行祭祀，日夜诅咒武帝，用语非常恶毒；贰师将军李广利有时也参加祭祀，焚香跪拜地祝昌邑王早日登基。

武帝这时候最爱惜的是自己的命，他为了搜巫蛊，连亲生女儿都可以杀害，甚至间接因此逼死了"造反"的太子。可是他怎么也想不通，已经死了这么多的人，竟然还有人行巫蛊来诅咒他，难道他真的这样招人嫉恨？怒不可遏的他将刘屈氂全家下狱。刘屈氂后来被装在菜车里，在长安城里游行了一圈，才拖到东市腰斩，而其妻也被枭首。长安城里心向太子的百姓都暗暗拍手称快。

至于带兵在外的李广利，武帝怕把他迫反了，于是先将其家人下狱，并不急着斩首。李广利在北方取得了几场胜利，可是损失惨重，这时有亲信从长安奔过来，告诉他长安城里的惊变。李广利又惊又怕又怒，于是投降匈奴。没有做戏引诱的必要了，武帝遂将他全家处死。

满朝文武，看着武帝一路杀过去，早双腿筛糠，牙关打战了，哪敢说一句话？这时候又出来一个不怕死的，此人即是田千秋。

田千秋原是田齐后裔，后徙居长安，做了高祖刘邦的守陵人。他上书说，儿子盗了父亲的兵，挨了一顿鞭子也就罢了，皇帝的儿子为求自保而过失杀人，那也没什么大不了的；这话不是臣说的，而是昨晚一个白头老翁托梦告诉我的。武帝对刘据的死早有悔意，田千秋给了武帝一个台阶下，于是武帝召见了千秋。

"千秋长八尺余，体貌甚丽"，这是武帝对田千秋的印象。武帝望着他，感叹地说："父子之间，清官难断，只有你所说深得其昧。这是高庙（刘邦祠庙）神灵教您开示我的，您必须辅佐我处理政事。"

于是为太子平反,又擢升千秋为大鸿胪,掌诸侯及少数民族事务;几个月后又拜为丞相,可算是古往今来官员升迁的奇迹。

既然太子是被冤枉的,那么是谁冤枉了他呢?于是那些征讨太子过程中立下功劳,荣享富贵的人纷纷被武帝诛杀。宦官苏文更是在渭桥上给活活烧死。

不管怎样,天子总是不会错的,有错一定是臣子错了——当然,苏文等人自有其取死之道,也不算冤的,而最重要的是,巫蛊之祸到此终于告一段落。

轮台罪己诏

武帝拜田千秋为相的同时，封他为"富民侯"。"富民"二字，显示了武帝心态和政策方向的变化。

征和四年（公元前89年），桑弘羊上书武帝，建议在轮台（今新疆维吾尔自治区）戍兵垦田，以防备匈奴。武帝驳回了他的奏疏，说："轮台在车师以西千余里，以前我们派兵征讨车师，虽然侥幸取得胜利，迫使他屈服，可是路途太远，士兵返回途中无法带有足够多的粮食，所以多有老弱病残者死在途中，再也回不来了。如今又要在轮台戍兵垦田，压榨民力，这不是爱护百姓的举措，我不能同意。"

武帝接着又反省了自己这些年的穷兵黩武和访仙求道——"朕即位以来，所为狂悖，使天下愁苦，不可追悔。自今事有伤害百姓，糜费天下者，悉罢之"——所有这些加在一起就是著名的《轮台罪己诏》。

武帝开了"罪己诏"之先河，在这篇诏书的数千字背后，是一个老者筋疲力尽的心。

发布"罪己诏"后，汉朝的政策重新回到了汉初的"休养生息"上来，缓和了国内的矛盾，几年之后，国家重新繁荣富庶起来。因此司马光说武帝"有亡秦之失而免亡秦之祸"。

这里值得一说的是田千秋。"无他才能，又无伐阅之劳"，这是史书对他的评价。其实有无才能本不重要，重要的是他对时局能否产生有益的影响。武帝晚年起用千秋，就是要恢复与民休息的政策，而千秋的"守静无为"，恰好符合了武帝的要求。所以出使匈奴的使者回来报告单于对千秋"上书得相"的评价，武帝就以为他有辱使命，想要杀他，过了很久才打消这个念头。

这年武帝七十岁了，渐渐地有了将死的预感。武帝看中了年仅七岁的弗陵，他聪颖乖巧，甚得武帝欢心。可是弗陵太小了，难以承担皇帝重任，武帝于是找来霍光、上官桀、金日䃅、桑弘羊等四人为顾命大臣，辅佐幼帝。

弗陵的生母钩弋夫人，这年刚刚二十出头。武帝认为他死后，钩弋夫人定然守不住寂寞，秽乱后宫，且子幼母壮，极易重蹈吕氏专权的旧辙。武帝即位之初，深受祖母窦氏和母亲王氏的掣肘，至今仍是刻骨铭心，难以忘怀，于是将钩弋夫人赐死。不久，武帝也病殁了，这对老夫少妻又重逢地下。事在后元二年（公元前87年）。

武帝既殁，弗陵在霍光等辅助下登基称帝，第二年改元始元，是为昭帝。